엄마, 나 고등학교 자퇴할래요

엄마,
나 고등학교
자퇴할래요

초판인쇄 2020년 1월 31일
초판발행 2020년 1월 31일

지은이 김라영
펴낸이 채종준
기획 · 편집 이아연
디자인 서혜선
마케팅 문선영

펴낸곳 한국학술정보(주)
주   소 경기도 파주시 회동길 230(문발동)
전   화 031-908-3181(대표)
팩   스 031-908-3189
홈페이지 http://ebook.kstudy.com
E-mail 출판사업부 publish@kstudy.com
등   록 제일산-115호(2000. 6. 19)

ISBN 978-89-268-9837-6 03370

김라영 지음

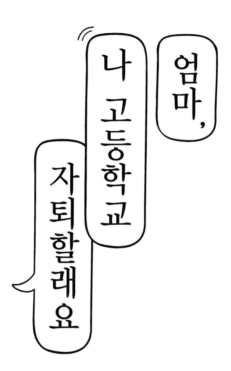

엄마,
나 고등학교
자퇴할래요

이담
Books

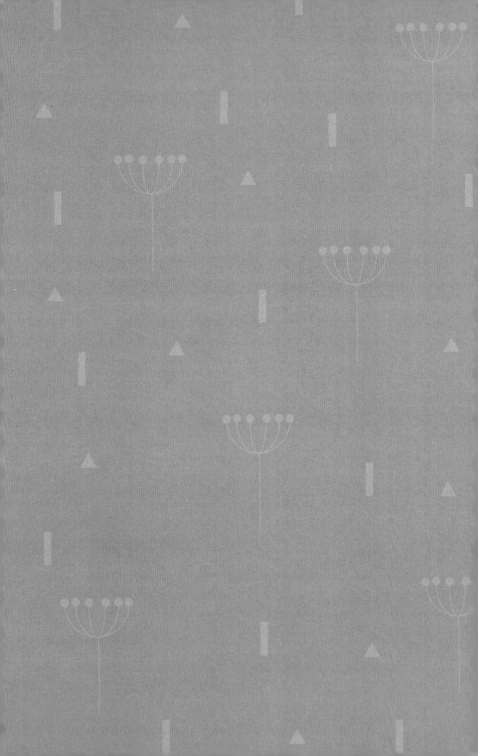

그 힘들었던 어둠의 터널에서
언제나 믿어 주고 격려해 주고 지지해 주신
나의 어머니께 생애 첫 책을 바칩니다.

나는 〈SKY 캐슬〉에 살지 않는다. 그곳에서처럼 자녀 교육에 맹목적으로 올인하며 살아가지 않았다. 단지 나는 강남에서 사교육을 직접 운영한 일 하는 엄마였다.

보통의 기준이 뭔지 모르지만, 그저 평범하다 믿고 살아왔다. 대한민국에서 태어난 평범한 여자는 이제 40대 후반이 되었고 결혼 20년 차의 세 아이 엄마가 됐다. 어디서 세 아이 엄마라고 하면 출산율 세계 최저 국가에서 애국자라고 말한다. 나도 그 말을 기쁘게 받아들여 당당한 애국자가 되고 싶다. 결혼 이후 세 아이의 육아와 집안일, 그리고 일하는 엄마로 정신없이 달려왔다. 어쩌다 보니 사는 곳이 강남이었고 아이들을 옆에 끼고 함께할 일거리를 찾다 보니 학생을 가르치는 일로 학원을 운영하게 되었다. 슈퍼맘으로 살고자 하진 않았지만, 자랑스러운 대한민국 사회가 요구하는 기준을 넘기 위해서는 슈퍼히어로보다 더 많은 에너지를 끌어다 매일매일 충전을 하며 살아야 했다.

빨간 머리 앤과 같이 책 읽기를 좋아하고 앨리스처럼 공상을 즐기던 소녀는 자신의 미래를 꿈꾸며 사회생활을 시작했었다. 하지만 대학 동기와 열렬한 연애 끝에 결혼에 골인하고 아이를 임신한 후, 곧바로 경력 단절 여성이 되어 집순이가 되었다. 임신과 출산과 수유 기간은 행복한 감금 생활에 가까웠다. 첫아이를 유치원에 보낼 즈음 다시 둘째를 출산했다. 사회생활을 하며 당당하고 멋진 커리어 우먼을 꿈꾸던 미래는 점점 멀어져 갔다. 우울감과 의기소침한 상태로 소극적으로 살았다. 동기였던 남편의 승승장구하는 모습을 보는 것만으로 만족해야 했다. 대신 아이들에게 받는 일상의 행복과 즐거움이 큰 위로가 되었다. 내 안에서 또 다른 생명을 잉태하고 낳아 기르는 신비를 느끼며 엄마로 다시 태어난 것이 축복과 행복이라 믿으며 살았다. 아이들을 잘 먹이고 잘 키우는 일이 내 사명이고 내게 주어진 역할이라 생각했다.

그런데 '엄친아'라고 칭송만 받던 첫째 아이가 고등학교 1학년 1학기 중간고사 이후 느닷없이 자퇴를 선언했다. 폭탄 같은 발언에 둔기로 머리를 맞은 듯 멍했다. 잘못돼 가도 한참 잘못되었다. 이건 내가 사회생활과 맞바꿔 아이를 잘 키우겠다고 마음먹었던 것과 크게 다른 노선이었다. 그 무렵 잘나가던 남편의 직장 생활에 문제가 생겨 경제적으로도 어려움이 닥쳤다. 불안한 미래에 걱정이 쌓여 갔는데, 믿었던 아이의 생각지도 못한 자퇴 결정이 눈앞을 아찔하게 만들었다. 상황은 걷잡을 수 없이 나락으로 떨어 졌다. 남편은 교육을 담당했던 내 탓으로 돌렸다. 큰소리가 오가며 매일 부 부싸움을 했다. 아이와는 대화가 전혀 되지 않았다. 무슨 이야기를 하는지 도무지 이해가 안 되었다. 마음을 돌려 보려고 갖은 노력을 해도 헛수고로 돌아갔다. 매일 밤 컴컴하고 가시밭 같은 지옥에서 살았다. 몇 날 며칠 잠 을 못 이루고 홀로 속 썩이다 보니 결국 몸의 이상 징후가 바깥으로 나타 났다. 수많은 병원 검사를 차례로 받았다. 마침내 수술을 해야 한다는 의사 의 말을 전해 받았다.

순간, 모든 시끄러운 마음이 딱 멈추며 일순간 고요해졌다. 후…… 긴 숨 이 내쉬어졌다. 어쩌면 여기서 나의 삶이 마감될 수도 있겠구나. 그동안 내 가 무엇을 하고 있던 거지? 아득한 기억을 되짚으며 어디서 어떻게 잘못된 것인지 생각했다. 무엇을 위해 숨 가쁘게 달려왔는지 나 자신을 돌아볼 시 간이 필요했다.

계획한 길이 아닌 일탈의 행동으로 적잖이 당황스러웠다. 아이를 키우는 동안 수많은 성공적인 자녀교육 서적을 닥치는 대로 읽었었다. 그 어떤 책에서도 자퇴한 아이를 어떻게 받아들이고 어떻게 대처해야 하는지에 관한 내용은 없었다. 모범생으로 잘 자라고 있는 아이였고 전혀 예상치 못한 상황이었기에 모든 상황이 낯설었다. 성공한 자녀교육서에만 모든 관심이 돌아갔지 정작 돌발 상황에 관한 이야기도, 자녀를 키우는 엄마의 성장 이야기도, 아이와 함께 그리는 미래도 없었다. 내 아이의 방황을 지켜보면서 나는 스스로 그 기록이 되기로 결심했다. 엄마 이전의 여자로, 온전한 나로 스스로의 삶을 찾아가는 이야기를 하고 싶었다. 답답했던 대한민국의 현재 교육 시스템을 속 시원히 털어놓고 싶다. 나는 자녀교육서가 아닌 아이를 키우는 엄마의 이야기를 하고 싶었다. 내 이야기는 입시 공화국에서 살아남은 자녀와 부모가 모두 행복해지는 방법을 찾아가는 성장 일기이다.

나는 고등학생, 중학생, 초등학생 세 아이를 키우는 엄마이다. 아이들의 육아와 교육에 본격적으로 뛰어들며 나의 직업은 전업주부에서 과외 선생님, 학원 인기 강사, 강남의 학원 원장과 같이 확장되어 갔다. 결혼 이전부터 십 대 청소년들을 수십 년간 가르쳐 온 나는, 내가 느끼는 교육의 현장과 생각들을 함께 나누고 싶었다.

대한민국의 교육은 입시 한 방향으로 내달리고 있다. 모두가 큰 제도의 틀 앞에서 두 눈 뜨고 지켜보고만 있다. 모두 다 뭔가를 느끼며 한마디씩 말해 보지만 어쩔 수 없는 현실이라며 결국엔 따라간다. 절이 싫으면 중이 떠난다는 심정으로 자녀교육 때문에 이민을 고려하는 사람들도 있다. 오랜 시간 다른 이들의 시행착오를 보았기 때문에 나는 누구보다 나의 아이들을 잘 키울 자신이 있었다. 흥미 있는 학습법, 자녀와 소통하는 부모, 진로와 적성과 비전을 찾는 아이 등등 철저하게 준비했다. 나도 우리나라의 입시 교육을 비판하면서 그 테두리에 벗어나지 못한 채 그저 생각이 묶여 있었다는 것을 깨달았다.

지금 막 아이를 낳거나 출산을 기대하며 나와 비슷한 계획을 세우는 부모도 있을 것이고 이미 나와 같은 절차를 밟은 이들도 있을 것이다. 아이와 부모의 문제로 인해 마음고생을 하는 이들도 있을 것이다. 자녀와 행복한 소통을 이어가고 있다면 굳이 내 이야기를 읽을 필요는 없을 것이다. 하지만 나도 지난 최악의 상황이 있기 전에는 누구보다 아이와 친밀했고 다른 이들도 인정할 만한 소통가라 믿으며 살아왔다. 새로운 전환이 나를 다르게 생각하고 깨닫게 해 주었다.

이제 나는 자유롭고 행복한 부자 엄마로 산다. 글을 쓰기 시작한 때부터 고통스러웠던 마음은 천천히 치유되어 이제는 그 누구보다 여유롭고 편안한 마음을 갖게 되었다. 나의 아이들과는 다시 세상에 둘도 없는 인생 친구로 잘 지내며, 엄마로서 더할 나위 없는 행복한 삶을 살고 있다. 한 사람의 경험담이니 같은 부모로서 담담히 읽고 부부와 자녀와 함께 열린 대화 시간을 갖기 바란다.

세 아이와 함께 즐거운 미래를 동행하는

행복한 부자 엄마 라영

목 차

CHAPTER 3

엄마들의 시스템 교육
영재 성장기

 CHAPTER 4

아이가 사는 입시 공화국
영재 잔혹사

CHAPTER 5

이상한 나라의 수상한 수업

영재 죽이기

 CHAPTER 6

처음부터 다시 하는 엄마 공부

심폐소생술

CHAPTER 7

인생 동행자로 다시 서기
미래 행복 교육

CHAPTER 1

입시 괴물이 되기를
포기한 아이

↯ 자퇴 전 고행기 ↯

어느 잔혹한
7월의 여름날

○ 자퇴 선언

딸아이가 고등학교 자퇴를 선언했다. 날이 가만히 있어도 땀이 송송 맺히는 칠월의 어느 날, 가슴에 날카로운 삭풍이 뚫고 지나갔다. 시린 가슴을 잡고 애써 침착하게 그 이유를 물었다. 이미 아빠와 대화가 끝났다고 했다. '뭐?? 내게는 한마디 상의도 없이?' 멍한 허공만 바라보았다. 나에게 벌어진 일이라는 것을 전혀 믿을 수가 없었다.

딸아이의 폭탄 같은 자퇴 선언 이후 딱 한 달이 지났다. 현실을 부정했다. 인정할 수 없었다. 눈앞에 큰 벽이 가로막고 있는데 뚫을 방법을 전혀 찾지 못했다. 그냥 무시하기로 했다. 내가 할 수 있는 게 뭐지? 아이의 책상 앞에 왔다 갔다 서성이다가 의자에 주저앉았다. 눈앞에 책꽂이에 꽂힌 책들이 보였다. 손에 잡히는 책 한 권을 펴고 연필을 잡았다. '이렇게 공부만 하면 되는데 뭐가 어려운 거야?' 아이가 아니라 내가 책을 펼치고 책상 앞에 앉았다. 이건 말이 안 됐다. 내 딸 희정이가 자퇴한다는 사실은 받아들일 수 없었다. 허락할 수 없었다. 그냥 무시한 채 뭐든 하고 있어야 했다. 끓어오르는 화를 도저히 무시할 수가 없었다. '어떻게 해야 하지? 내가 뭘 해야 하지?' 아무도 내 심정을 헤아려 주지 않았다. 제대로 정신을 차려야 했다. 뭔가를 해야 하는데 아무것도 할 수가 없었다. 차근차근 대화를 시도해 보았다. 아이는 입을 닫고 있었다. 험악하게 막무가내로 때릴 수도 없었다. 좋은 말로 타일러도 귀가 막혔는지 아무 반응이 없었다. '내가 몸으로 보여 줘야 하나? 보는 것이 있으면 뭐가 좀 달라지지 않을까?' 도무지 앞이 보이지 않았다. 막막한 심정에 그저 책상 위에 보이는 책을 앞에 두고 아이가 앉아 있어야 할 책상 앞에 내가 앉아 공부하기 시작했다. 아이의 마음을 돌아서게 하려면 내가 어떤 일을 해야 할지 누가 속 시원히 이야기해 주었으면 좋겠다. 간절한 마음이 그저 아이에게 닿기만을 바라며 책을 펴 들었다.

희정이는 강남 8학군의 잘나가는 고등학교 1학년 학생회장이었다.

학기 초 회장 엄마라는 타이틀 때문에 학부모 반 모임을 주재하며 강남 엄마들에게 기죽지 않게 거하게 브런치와 커피도 한턱냈다. 여기저기 그룹으로 모인 엄마들 모임에서 강남 학원 원장이라는 이유로 아이들 공부 방법을 물어보면 허심탄회하게 정보를 나눠 주고 고민도 해결해 주었다. 아무래도 학원가에서 오래 아이들을 가르치는 일을 하다 보니 교육 정보에 관해서는 다른 엄마들보다 많이 아는 것이 사실이었다. 그런 교육 전문가 엄마를 둔 희정이가 학교를 적응 못 하고 자퇴를 하겠다니 이전의 희정이가 아닌 것 같았다. 모든 것이 이상하게 틀어졌다. 비현실적 상황이 나에게 쓰나미로 덮쳐 왔다.

희정이는 국제중학교에 다니던 3학년 때 다른 친구들처럼 특목고 입시 원서를 쓰지 못했다. 남편의 수입이 예전 같지 않았다. 내가 운영하던 수학 학원도 주변 아파트가 재건축이 확정되고 이주가 시작되던 시기라 학생들이 이사를 가고 줄기 시작했다. 경제적 부담 때문에 희정이의 특목고 입시는 포기하고 일반고에 가기를 원했다. 사립특수 목적 고등학교가 대학 입시에 탁월한 장점이 있었지만 무시무시한 학비를 감당하려면 세 아이의 부모 처지에서 부담스러울 수밖에 없었다. 희정이는 고등학교를 들어가기 전부터 마음가짐을 단단히 하며 스스로 계획을 세웠다. 일반고라 하더라도 내신에 워낙 악명 높은 학교라서 준비를 단단히 하고 입학했다. 치열했던 반 회장 선거도 좋은 결과가 나왔고 3월 모의고사도 잘 봐서 학교생활에 잘 적응했다고 생각했다. 눈부시게 화사하고 눈송이 같은 벚꽃이 꽃비로 내리는 4월. 누가 잔인한 4월이라 하지 않던가? 화려한 봄날 창문 밖을 보며 즐기는 것도 사치스러운 중간고사 시험 기간이 끝났다. 희정이는 시험이 끝나던 그날, 사춘기가 된통 온 것인지 뭔지 아무것도 하기 싫다고 했다. 더 이상 공부를 하고 싶지 않다고 했다.

공부에서 손을 뗀 희정이를 보는 것은 맹물을 마시는 것도 얹힐 것 같은 기분이었다. 학교 문제나 친구 문제는 아니라고 했다. 눈의 총기를 잃고 멍한 눈빛에 맥없이 늘어져 있는 아이를 보고 있으면 속이 다 뒤집혔다. 도대체 무엇을 하고 싶은 건지 물어보았다. 몇 번 대답을 심드렁하게 흘리다가 그림을 그려 보면 재미있겠다고 했다. 영혼 없이 몸만 왔다 갔다 하는 아이가 공부 대신 그림을 전공해 보겠다고 했다. 그 말 한마디에 미대 입시를 준비하기 시작했다. 그림을 곧잘 그리는 희정이가 하고 싶은 미대 입시 준비로 생기를 되찾는다면 굳이 마다할 일이 없다고 나 스스로를 설득했다. 온갖 종류의 미술 대학 입시 학원 설명회를 다녀보니 고등학교 1학년 때 미대를 준비하는 것이 늦은 것은 아니라고 했다. 즐비하게 자료집을 수집하며 일주일 내내 시간을 보냈다. 겨우 한 곳을 선정해 등록하려는데 희정이는 이것도 별로란다. 또다시 분주했던 내 마음의 바람이 피시식 빠졌다. 미술을 하겠다고 말한 것은 그냥 간을 본 말이었나 보다. 아무거나 찔러본 아이의 말에 휘청휘청 나도 모르게 휘둘려 버렸다. '자신이 책임져야 할 진로 결정이니 의견을 존중해 준답시고 너무 순순히 받아 줬나? 확실하게 내 의견대로 밀어붙이며 가야 했나? 반대하지 않고 들어줘서 시시했던 건가?' 아이의 변덕이 팥죽 끓듯 했다. 내 가슴도 벌떡벌떡 들끓었다.

한편으로는 마음을 못 잡는 아이가 안쓰럽기도 했다. 부모의 경제적 상황 때문에 특목고 진학을 못 해서 방황하는 것은 아닌지 내심 걱정 됐다. 아이는 주입식 암기 교육이 아닌 자유롭게 토론하는 다양한 실험적 수업 방식인 프로젝트수업을 좋아했었다. 그 생각에 늦었지만 유학을 잠깐 고려했었다. 미국이나 유럽의 사립학교는 못 보내도 경제적으로 괜찮은 영미권에 학교가 있었다. 그즈음 우연히 희정이 친구네가 인도 주재원으로 나가게 되었다. 초등학교부터 같이 나왔고 희정이 친구 엄마와도 개인적으로 꽤 친하게 지내고 있어서 희정이를 인도 국제 학교에 입학시키려 준비했었다. 알아보니 인도 국제학교의 교육프로그램이 꽤 괜찮았다. 인도 물가도 싸고 여자 기숙사도 나름대로 평가가 좋고 주말에는 희정이 친구네에서 잠시 쉬어도 됐다. 물론 치안 문제가 걱정되었지만, 주재원으로 가는 친구 엄마가 있으니 염치 불고하고 부탁하려 했었다. 늘어져 있는 희정이를 세울 방법이 유학이라면 그것도 한 방법이 될 수도 있겠다고 생각했다. 유학원을 알아보고 희정이에게 말을 꺼냈다. 희정이는 그것마저도 시큰둥했다. 다시 원점으로 돌아왔다.

대학 입시 공부도 하기 싫고 앞으로 하고 싶은 것이 없다면 공무원 시험을 보라고 남편이 권했다. 지금 그런 식으로 공부 시간을 땡땡이 치고 아무 생각 없이 남들 가는 대학에 들러리로 가는 것은 무의미하다고 했다. 공무원 시험에 합격만 하면 취직 걱정 안 해도 되고 다른 친구들보다 좀 더 빠르게 직장을 얻어 노후에 두둑한 연금으로 평생 돈 걱정 없이 살 수 있을 거라 말했다.

'너 나 할 것 없이 공무원 시험 본다고 하더니……. 우리 희정이에게도 공무원 시험을 보라고? 희정이에게 공무원이 맞을까?'

서울대생도 9급 공무원 시험을 준비한다는 뉴스를 들었다. 청년 실업이 사회적으로 문제가 되고 이미 채용한 회사원도 고용이 불안하다 보니 좀 더 안정적인 직장으로 눈이 쏠리는 것은 당연한 것으로 봐야 하는 걸까? 그래도 공무원을 생각해 보라니. 한참 도전하고 꿈을 키워야 할 아이들에게 편안하고 안전한 것에 만족하라는 남편의 말에 가슴이 시렸다. 아무리 그래도 우리 희정이 보고 공무원을 하라니 못마땅했다. 남편에게 눈을 흘겼지만, 지금 희정이는 자신의 진로를 결정하지 못 하고 이렇게 우왕좌왕 방황할 시간이 없었다. 이도 저도 아닌 아슬아슬한 줄타기하는 모습에 신경이 곤두섰다. 다급한 마음에 공무원 시험을 따로 알아보았다. 강의는 인터넷으로도 충분히 들을 수 있었다. 과목도 선택 과목 중에 고등학생이 배우는 국어, 국사, 수학, 과학, 영어와 같이 연계 수업이 가능해 보였다. 경쟁률이 엄청 높지만, 머리가 나쁘지 않은 아이니까 마음만 고쳐먹고 파고들면 합격이 가능할 것 같기도 했다. 인터넷 강의 사이트에 가입했다. 강의 교재도 주문했다. 하지만 희정이는 그마저도 거부했다.

"아니, 도대체 원하는 게 뭐야?"

호들갑스럽게 새로운 진로를 이것저것 준비하던 엄마에게 자신의 의견을 제대로 말하기가 미안했었나 보다. 아니면 그 반대로 무시한 것인지도 모른다. 그것도 아니면 엄마가 자신의 선택에 반대할 것이라고 예견했는지도 모른다. 앞으로의 계획이 뭐냐고 계속 물으니 희정이는 아빠와 이야기가 끝났다고 말했다. 고등학교를 안 다니시겠단다.

"자퇴? 그래. 하기 싫은 공부 안 해도 그만이지만 공부 안 한다고 다 자퇴하는 것은 아니야. 아빠가 허락했다고? 아니 왜?"

이유를 대지 않아 이해할 수 없는 내가 꼬치꼬치 물었다. 한참 뒤 겨우 이실직고하는 말이 가수를 하겠다고 했다. 그것도 아이돌 가수를……. 엄마한테는 입도 뻥긋하지 못한 소리를 아빠한테 말하고는 아무 말 없이 그냥 받아들이란다. 지금 하루라도 빨리 자퇴를 해야 한단다. 아이돌 가수가 되려면 보컬 연습도 하고 댄스 연습도 해야 해서 지금 해도 늦은 나이라고 했다. 자퇴하고 학교 갈 시간을 연습 시간으로 벌겠다는 이야기였다.

한 달간 미친년, 미친년 속으로 외치며 내가 미쳐갔다. 밤새도록 가슴이 답답해서 잠을 잘 수가 없었다. 어두운 침대 옆 바닥에 앉아 가슴을 쥐어뜯었다. 가슴에 창문처럼 구멍이 뚫리면 공기가 통할 것 같아 주먹으로 퉁퉁 쳐댔다. 매일 밤 소리 없이 눈물만 흘려 대고 울다가 내가 곧 돌아 버릴 것 같았다.

'도대체 뭐에 홀린 거지? 그렇게 똑똑하던 애가 저런 허무맹랑한 계획을 하는 거지? 뭐가 문제인 거야? 지금 자퇴하고 가수 연습생이 되기 위한 준비를 하면 다 아이돌이 되나? 이건 대학 입시보다 더 어

렵고 가수 연습생이 되어도 성공한 아이돌이 되는 것은 하늘의 별 따기잖아. 스타가 달리 스타겠어?'

다시 마음을 돌리려 해도 아무 소용이 없었다. 희정이는 그냥 마음으로 결정을 내리고 빗장을 걸어 잠근 것 같았다. 내가 해야 할 일이 무엇인지 알 수 없었다. 화를 누르고 무엇이든 정신을 다른 곳에 쏟아야 했다. 그대로 숨이 막혀 죽어 버릴 것 같은 공간을 탈출해야 했다. 딸아이 책상에서 두꺼운 책들이 눈에 띄었다. 공무원 시험을 준비하기 위해 사 놓은 수험서들이었다. 무겁게 시커먼 책장의 첫 장을 펼쳤다. 의자에 앉아 펜을 들었다.

결혼 생활을 하다 보면 연애 시절, 신혼 시절의 그 배우자는 온데간데없다. 결혼은 양방향이니 상대방도 마찬가지로 느끼겠지. 점점 성격 차이와 소통의 부재로 남편이 밉고, 밉다 못해 지쳐 그냥 마지못해 묵언 수행을 하듯 살아왔다. 비어 있는 그 자리를 아이들이 대신 차지하고 유일한 살아가는 재미와 즐거움이 되었다. 학교생활을 잘하고 공부도 잘하니 내가 인정받는 것 같았고 자랑스러웠다. 그렇게 남편 대신 믿고 의지해 온 희정이에게 완전히 배신당한 느낌이었다. 여태껏 아이들의 미래를 같이 설계해 주고 함께 고민해 주는 것이 나의 최선이라 생각했다. 나는 아이에게 강압적인 것보다 같이 토론하고 이슈에 대해 생각과 의견을 나누는 것을 좋아했다. 그렇게 아이를 존중하며 나의 희망이라 생각하며 키워 왔다.

사춘기 반항도 지났고, 엄마와 분리되기 위한 감정싸움도 아니었고, 막무가내 생떼도 아니었다.

그 똑똑한 아이가 가수를 하겠다고 했다. 꿈이 아이돌이라 했다. 아직 화가 하늘에 뻗쳐 제대로 눈을 마주하고 이야기를 하지 못했다. 뭐라도 정신을 팔 다른 곳으로 피난 아닌 피난처를 찾아야만 했다. 그런 내 눈에 띄어 시작한 것이 공무원 시험공부였다. 공부가 하기 싫다니 내가 세상에서 가장 쉬운 게 공부라는 것을 알려 주겠다는 마음으로 이를 갈았다. 공무원 동영상 강의로 정보를 찾으며 공부 계획을 세웠다. 시험 전까지 매일 평균 13시간~15시간씩 동영상 강의와 내용 정리와 문제 풀이를 해야 했다. 한 달 동안 쉬지 않고 엉덩이가 짓무르도록 영상 강의와 개념서에 올인했다. 필기 노트와 필요 정보도 빼곡히 적어 가며 열중했다. 나의 직업인 학원에서 계속 아이들을 가르치면서 수업 전이건 쉬는 시간이건 잠자는 시간까지 다 빼서 시간을 채웠다. 독을 품고 공부에 집중했다. 의외로 공부를 하면서 간혹 새로운 것을 알아 가는 즐거움도 있었다. 하지만 어마어마한 시험공부 분량과 아주 세밀한 부분까지 모조리 암기해야 한다는 압박감에 정신

이 아찔했다. 또 틀린 문제를 보며 나 자신의 한심함에 좌절감이 들었
다. 불쑥불쑥 동영상을 보는 중간에 마이크를 든 인터넷 공무원 강사
의 얼굴이 노래 연습실에서 마이크를 든 희정이 얼굴과 교차되어 보
여서 목구멍까지 꽉 목메여 눈물이 찼다. 숨을 쉬기 위해 가슴을 부풀
려 크게 심호흡을 해야만 했다.

'희정이랑 이야기하자. 못된 것. 내 속 다 문드러지고 녹아버리게
만드는 못된 것. 가수는 용납할 수 없다. 재능이 있고 끼가 있어도 안
되는 것이 가수이다. 운으로 되는 것이다. 운을 믿으며 평생을 맡길
순 없다. 설령 만에 하나 아이돌이 된다 해도 그 힘든 스케줄에 정신
적 육체적 스트레스를 겪게 하고 싶지 않다. 그냥 당분간 공부하는
것을 쉬면서, 그냥 너는 거기서 머물며 조금만 쉬었다 가면 된다.'

창밖에서 정신없이 시끄럽게 울어 대는 매미 소리가 머릿속을 내
내 휘저었다.

공부하는
독종은 죽었다

○ 강한 저항

오늘도 인터넷 공무원 시험 동영상을 새벽부터 10시간 넘게 보고 있었다. 대학 아르바이트부터 지금까지 중고등학교 수학을 가르쳐 왔기에 수학 문제에는 나름 자신 있었다. 공무원 시험과목 중 수학은 20분 정도의 시간에 20문제를 풀어야 했다. 1분에 한 문제씩 풀어야 하는 전혀 새로운 방식이다. 간단 연산은 암산으로 한다지만 미분, 적분과 같은 고난도 문제까지 1분 안에 풀어야 했다. 답안지 마킹 시간까지 배분해야 하므로 문제를 보자마자 바로 답이 나와야 했다. 때문에 문제 유형을 통째로 외울 수밖에 없었다. 공무원 시험이란 것이 그냥 앵무새처럼 암기하고 자판기처럼 답을 작성하는 테스트였나?

행정법 총론과 법률 용어들을 공부하면서 공무원들이 어떤 생활을 하는지 어렴풋이 짐작했다. 수많은 민원을 처리하려면 저 많은 행정 부처의 갖가지 행정 업무를 머릿속에 채워 넣어야 했다. 예전의 나는 구청이나 시청 등 큰 정부 기관의 공무원들이 항상 바쁘고 정신없어서 불친절하게만 느꼈다. 하지만 공무원들은 민원인 하나하나에 감정을 나눌 수 없을 정도로 업무량이 많고 불법 사항이나 벌금, 고발 등의 좋지 않은 일들을 처리해야 할 것이다. 당연히 민원인들이 불평불만을 그들에게 쏟아 낼 것이 뻔했다. 공무원들의 애로 사항이 느껴졌다. 공무원이 아직 되지도 않았는데 시험공부 며칠 만에 관점이 바뀌어 그들의 마음에 연민이 느껴졌다. 고된 직업으로 생각되었다.

대한민국에서 공무원 시험은 연일 그 인기가 치솟고 있다. 명문대 출신, 공기업 준비생, 다른 고시생들도 뛰어들고 있고 실제 이들의 합격도 늘고 있다. 노량진에는 공무원 학원이 대학을 위한 재수 학원보다 많아졌다. 공무원이 이렇게 하늘 찌를 만큼 위상이 높아진 이유는 무엇보다도 젊은이들의 취업난 때문이다. 대학생 희망 직업 1순위는 물론, 부모들도 원하는 직장 1순위가 공무원이라고 한다. 몇 년 새 모두의 로망이 되어 버린 공무원은 무엇보다도 안정적이고 큰 범죄만 안 저지르면 퇴직 후에 연금으로 평생 먹고 살 걱정을 덜어 주기 때문이다.

공무원이 되기 위한 시험 중에 한국사는 수능의 한국사나 한국사 능력 시험보다도 더 특이하다. 단순히 사건을 연도별로 순서를 매기는 수준이 아니다. 예를 들면 고려 시대, 조선 시대의 관직의 이름과 해당 품계 등급, 몇 명을 뽑는지까지 외워야 했다. 왕이 매일 하는 회의, 상참과 월4회 진행하는 회의, 조참의 참석 인원이 누구인지도 알아야 한다. 그야말로 마이크로 초극세사 역사 공부였다.

공무원 인재는 뭐를 위한 능력을 보고 뽑는 걸까? 공무원 시험은 기억 초능력 시험인가? 국어는 문법과 맞춤법, 표준어, 외래어는 물론이고 한자까지 섭렵해야 했다. 관공서 문서들이 한자어가 많기 때문이다. 정확한 말의 표현을 당연히 잘 쓰는 것이 맞지만 왜 아직도 이런 어려운 한자어 잔재 들이 많은 것인지 모르겠다. 간단하고 이해하기 쉬운 한글로 순화해도 될 텐데 아직 법률 업무, 행정 업무에 관료적 우월감이 남아있는 듯 했다. 국민과 국가를 위한 봉사 정신으로 공무원을 선택하는 이들은 극소수에 불과할 것이다.

나는 안정적이고 평생 먹고살 걱정 때문에 공무원 시험 준비에 뛰어든 것이 아니었다. 물론 합격이 된다면야 정년이 되는 해까지 다른 신경 쓸 일 없이 착실히 출근하며 얼마 안 되는 연금을 받을 수도 있을 것이다. 하지만 그런 알량한 이유보다 난 숨을 쉬어야 했다. 아이의 선택을 도저히 받아들일 수가 없었다. 공무원 시험에 합격한다면 자퇴하기로 마음먹은 아이에게 공무원을 해결책으로 더 자신 있게 밀어붙일 수도 있을 것 같았다. 막무가내로 아이와 사생결단을 낼 수도 없었다. 내가 할 수 있는 것은 아무것도 없었다. 학원 일은 더욱더 시큰둥해졌다. 내 아이도 못 가르치는 판에 남의 아이를 가르치는 일이 말이 안 됐다. 가뜩이나 줄어든 학생 수에 매일 출근하는 일이 고역이었다. 학원 일이 아닌 다른 것으로 신경을 분산시켜야만 했다. 몸을 혹사해서 밤에 조금이라도 잠을 자야 했다.

7급 공무원은 7과목이었고 9급 공무원은 5과목이었다. 처음엔 7급을 욕심냈지만 공부하다 보니 정말 만만치가 않아서 9급을 도전했다. 한 과목당 개념 강의 수가 100개가 넘었다. 문제풀이 수업은 따로 또 있었다. 새벽 4시부터 동영상을 2개 정도 보고 아침을 준비했다. 내용정리 노트를 따로 만들었다. 빨리 단권화를 해야 했다. 나는 학창시절 필기의 여왕이었으니까. 두 달이 조금 지나서 모든 과목의 1회 독을 마쳤다. 국어 과목에 속하는 한자 강의도 끝냈다. 공무원 영어 단어 영상 강의도 끝냈고 문법도 마쳤다. 시험 전까지 적어도 개념서를 5회 넘게 읽어야 수많은 것이 머릿속에 자리 잡고 암기가 된다고 했다. 문재인 정부가 들어서고 공무원 수를 더 확대하여 시험 횟수가 늘었다. 생각보다 빨리 시험을 볼 수 있을 것 같았다. 책장에 한 번 본 두꺼운 공무원 개념서를 꽂고 기출문제집을 다시 펴들었다.

희정이 방 책상을 차지하고 밤낮으로 공부를 했다. 침대에 드러누운 아이의 손에는 핸드폰이 떠나질 않았다. 나는 보란 듯이 공부하고 있었고 아이도 보란 듯이 핸드폰을 하고 있었다. 막내딸 희나와 첫째 희정이의 침대를 한 방에 넣어야 했기 때문에 집에서 가장 큰 방을 희정이 방으로 했었다. 책상과 침대의 거리는 다섯 발자국이 넘는 거리였다. 그 사이의 공기가 답답했다. 서로 찌릿한 감정의 번개 전선이 서로 대치하고 있었다. 침대 발치에 3단 책꽂이가 서로의 시선을 막아 주었다. 전화벨 소리가 났다. 내 것이 아니었다. 희정이가 전화를 받았다.

희정이는 같은 댄스 연습실 친구 이야기를 전화 온 친구와 나누었다. 내가 이어폰으로 동영상 강의를 듣고 있었기 때문에 희정이는 자신의 대화를 내가 엿듣고 있는지 알아채지 못한 것 같았다. 아니면 일부러 그렇게 말했을까? 연습실 다니는 애들은 희정의 표현으로 다 술, 담배를 빨고 다닌단다. 원조교제 했다는 아이도 있단다. 헉! 순간 공기가 호흡기로 한꺼번에 들어와 기도를 막았다.

'내 자식을 그런 환경에 놔두고 방관하고 있다니…….

헉! 내가…… 지금 무엇을 하는 거지?'

머리가 순간 떵하고 어지러웠다.

다시 한번 남편이랑 희정이 문제를 상의하려 했다. 하지만 또 한 번 벽에 부딪히고 말았다. 대화가 안 되는 상대라 매번 확인하면서도 상처받았다. 다신 얘기를 섞지 않겠다고 다짐했으면서도 또 인간의 멍청함 때문인지 단순함 때문인지 그간의 것들을 잊었다. 남편은 아이가 지금 하고 싶은 것을 무조건 반대하면 진짜 엇나가서 돌이킬 수 없는 짓을 할지도 모른다고 했다. 요즘 청소년 자살이 심각하단다.

'뭐? 자살? 그 이야기가 아니잖아?'

진지하게 상의하다가 결국 만신창이로 찢기고 너덜너덜 걸레로 변한 마음을 확인했다. 아, 정말 이 상황이 싫었고 벗어나고 싶었다. 소리를 지르고 싶었다. 세상의 모든 것과 떨어져 칠흑 같은 어두운 구덩이 속으로 한없이 떨어지는 것 같았다. 내 주위에 사방이 막힌 벽들이 나의 숨을 점점 죄어 오고 있었다.

잠이 언제 들었는지도 모르겠다. 늦은 밤까지 침대맡에서 어둠과 씨름하다가 그대로 엎드려 잤나 보다. 새벽에 눈이 떠졌다. 시계를 확인해 보니 다섯 시였다. 주섬주섬 몸을 추슬러 일어났다. 머리가 아프다. 너무 울어서 눈꺼풀이 뻑뻑했고, 깜박일 때 눈밑 살이 부어오른 것이 느껴졌다. 화장실에 가서 찬물로 세수를 하고 고개를 들었다. 울

굿불긋한 얼굴이 풍선 아줌마처럼 팅팅 부어 있었다. 몸이 좀 이상했다. 마치 스펀지 위를 걷는 것 같았다. 바닥이 푹신한 것도 그렇고 몸이 젖은 솜처럼 한없이 처졌다. 겨우 한발 한발 디디며 화장실 문 앞에 섰을 때 왼쪽 다리를 타고 무언가 주르르 흘러내렸다. 붉은 피가 욕실 실내화까지 흘러내렸다.

병원이다. 벌써 몇 시간째 신경외과, 내과, 산부인과를 돌면서 영상의학과에서 CT를 찍고 초음파 사진을 찍었다. 혈액을 채취하려 피도 두 번 뽑았다. 머리카락 샘플을 채취해서 미국 어디엔가 검사를 보낸다고 했다. 지난 일주일째 온몸이 퉁퉁 부어 있었다. 다리가 코끼리 다리가 되어 발목이 없이 바로 다리와 발이 붙어 있었다. 집에 있는 신발도 신을 수가 없었다. 운동화는 물론이고 샌들도 못 신었다. 남편의 커다란 슬리퍼를 겨우 발가락에 걸치고 출근을 했다. 무릎이 잔뜩 부풀어 주름이 하나도 없는 팽팽한 공 모양 같았다. 계단 오르기가 여간 쉽지 않아서 한 발을 올리기 위해 다리를 들면 접히는 무릎이 풍선을 접는 것처럼 터져버릴 것 같았다. 생리인 줄 알았는데 하혈이 시작되었다. 두통은 더 정신없이 뇌를 형틀에 가두며 고문하고 있었다. 학원 수업을 다 미루고 병원에서 원인을 찾고 있었다.

미궁 속에 있던 결과를 두고 의사들은 헤모글로빈 수치를 의심했다. 정상인의 절반도 안 되는 수치였다. 그래서 빈혈이 잦았나 보다. 며칠 뒤 산부인과로 호출이 되었다. 자궁 내 3.5cm짜리 혹이 있다고 했다. 일단 수술부터 하자고 했다. 그리고 수술 후 조직 검사 결과가 나와야 암인지 아닌지 확인할 수 있다고 했다.

"아……, 음……."

의사가 진단 결과를 말하고 있는 순간 나는 어떻게 반응해야 할지 몰랐다. 의사는 굳은 얼굴로 결과가 나오기 전까지는 너무 걱정하지 말라고 위로 아닌 위로를 건넸다.

'이렇게…… 끝날 수도 있는 거구나.'

순간 마음속에 시끄럽게 휘몰아쳤던 모든 고민과 걱정이 일순간에 멈췄다. 아무런 감정이 느껴지지 않고 고요했다. 이미 지난 몇 달간 지옥 같은 아수라 속에서 지내 왔다.

'용기가 없어 죽지도 못했는데 이렇게 갈 수도 있구나. 이게 끝일 수도 있어.'

그냥 그런 생각이 들었다. 곧 수술을 받았고 수술 일주일 뒤 결과를 기다렸다. 수술실에서도 회복실에서도 결과를 기다리는 일주일의 시

엄마, 나 고등학교
자퇴할래요

간 동안에도 나는 전에 없이 차분하고 평화로웠다. 부글거리며 끓어오르던 폭주 기관차를 어떻게 멈춰야 할지 몰랐는데 이렇게 스톱을 외치며 세워 놓으니 오히려 감사했다. 어떤 결과든 내가 수용해야 할 일들이었다. 독을 품고 어디에도 분출하지 못하고 스스로를 괴롭히다 보니 끝내 탈이 난 것이다. 지독한 죄어듦에서 풀려나니 오히려 자유롭게 해방감을 느꼈다.

오히려 이것이 나에게 또 다른 기회로 주어진 것이었는지, 결과는 좋은 쪽으로 나왔다. 다만 혹으로 인해 출혈이 심하고 림프관 조절이 비이상적이어서 온몸이 붓는 현상이 나왔다고 했다. 빈혈이 심해서 약을 계속 복용해야 한다고 했다. 적절한 시술과 함께 처방이 나왔다. 일반인보다 평균 이하인 적혈구 수를 회복하는 것이 건강을 찾는 데 가장 중요하다고 했다. 많이 쉬고 스트레스를 받지 말고 마음을 편히 하라는 의사의 처방이었다.

건물주에게 임대료만 납부할 정도의 수입만 되던 학원을 수술 후 과감히 정리하기로 했다. 공무원 시험도 더 이상 내겐 의미가 없었다. 나는 이전의 나처럼 살고 싶지 않았다. 내가 항상 꿈꾸고 원하던 삶이 아니었다. 나도 사회생활을 준비했었던, 꿈도 많고 해 보고 싶은 것도 많았던 청춘이었다. 행복한 가정의 안주인, 사랑받는 아내, 멘토 같은 엄마, 인정받는 전문 사회인이 되고 싶었다. 노력한다고 최선을 다해 애를 썼지만 내 뜻대로 되는 것은 없었다. 나는 달라지기로 했다. 나는 나를 사랑하고 스스로 행복하게 만들어 주고 싶었다. 엄마로 딸로 아내로 며느리로 어떤 굴레를 씌우는 관계로 살지 않고 나 자신으로 살기로 했다. 이유야 어쨌든 하루 3~4시간만 자고 온 힘을 다했던 공무원 시험공부는 끝이 났다. 공부에 몰입했던 그 독종은 죽었다.

엄마, 나 고등학교
자퇴할래요

멈추면 비로소
보이는 것들

○ 마음 내려놓음

고통은 건강의 일부다.

정신세계가 클수록 더 큰 고통이 따른다.

인간은 고통을 피하려고 스스로를 더 작게 만든다.

— 마이클 아이건

　학원을 정리하는 일은 정말 엄두가 나지 않았다. 학원을 부동산에 내놓고 통째로 인수할 이를 찾았지만 쉽게 적임자가 나타나지 않았다. 학생들에게도 수업을 더 이상 하는 것은 무리일 듯했다. 결단을 내려야 했다.

'그냥 모든 것을 내려놓자. 나는 지금 바닥이다. 그래, 바닥! 지하로 뚫고 내려가지 않은 것이 다행이지 뭐. 이 바닥에서 다시 깨끗하게 시작하자.'

그런 마음이었던 것 같다. 마음을 다시 고쳐먹고 건물주에게 다음 달 나간다고 말했다. 그 안에 학원 인수자가 나타나지 않으면 인테리어와 책걸상과 학원 집기들을 원상복구로 모두 철거하고 중고 시장에 팔기로 했다. 한 달 동안 전화 몇 통, 학원 매매 브로커들이 사무실을 확인하는 전화가 왔다. 하지만 보러 오는 사람은 없었다.

나는 곧 마음공부를 시작했다. 어디 정식 프로그램에 등록한 것이 아니라 유튜브 영상을 즐겨 봤다. 예쁘고 젊은 아가씨라 생각했는데 세 아이를 가진 엄마였던 유튜버의 영상이었다. 그녀는 첫째를 임신했을 때 신장 이상으로 거의 죽음 문턱까지 간 상황에서 남겨질 남편과 배 속의 아이를 위해 죽음을 각오하고 책을 남겼다고 했다. 그녀의 사회생활은 아버지의 사업 실패로 해외로 도피하고 온 가족이 뿔뿔이 흩어져 살면서 시작되었고, 몇 십 개국을 불법체류자로 떠돌며 파란만장한 20대를 살았다고 했다. 어려서 성적 수치심을 겪은 이야기도 덤덤하게 풀어냈다. 그녀는 온갖 경제적, 사회적, 총체적 난국 속에서도 화가의 꿈을 버리지 않고 그림을 그려 수십 번의 전시회를 열었다. 그 일로 이민 사회의 한 저널에 미술 칼럼을 쓰는 칼럼니스트가 되기도 했다. 한국에 돌아와 지금의 남편을 만난 이야기를 하며 현재의 행복한 자신을 믿을 수가 없을 정도라고 말했다. 단지 주어진 상황을 포기하지 않고 묵묵히 버텨내고 스스로를 격려해 왔다고 말했다.

그녀는 자신의 과거를 쓴 책 이야기를 하며 삶에서 느낀 생각을 녹여내고, 기적이라는 화두로 개인 방송을 하고 있다. 바로 김새해 작가였다. 현재는 그녀는 더욱 더 승승장구하며 네 아이의 엄마가 된 자기계발 북튜버의 시초라 할 수 있다.

마흔 중반이 넘도록 나는 사람들의 시선을 알게 모르게 신경 썼던 것 같다. 나의 행동 하나하나를 다른 사람은 어떻게 생각할까? 매사에 신중하고 신경 써서 나를 돌아봤다. 잘못한 것도 없는데 괜히 주눅이 들어 있었다. 나란 존재 자체를 시원하게 다른 사람들에게 내보이는 일이 싫었다. SNS에서 자신의 셀카를 찍고 놀러 간 사진, 먹으러 간 사진 등을 올리는 것은 자랑하기 위한 겉치장으로만 생각했다. 그리고 나 자신은 겉치레가 중요하지 않은 사람인 것처럼 살았다. 하지만 나는 왜 다른 사람의 시선에 신경을 썼던 걸까? 왜 다른 사람의 판단으로 나를 정의했을까? 나는 나이고 그걸로 만족하면 되는데, 단점을 감추고 장점만 다른 사람들이 봐주기를 바랐던 것은 위선 아닐까?

김새해 작가는 모든 사람이 다 보는 앞에서 고해성사하듯 자신을 내보였다. 수치스러운 일들, 가난한 시절, 아무도 거들떠보지 않고 혼자 이겨내야 하는 이방인의 모습부터 현재의 모습까지 모두 이야기한다. 사랑을 이야기하고 다른 이들에게도 축복을 나눈다.

나는 나 자신을 사랑하지 않은 것이었다. 다른 사람들 것이 더 좋아 보였고, 나를 인정하지 않았다. 잘하고 칭찬받을 만한 일로 나를 평가해 주고 나의 단점은 모두가 모르기를 바랐다. 스스로에게 떳떳하지 못했다. 아이가 잘해도 허점이 다른 이들에게 노출되지 않도록 실수하지 않게 더 자세를 고쳐줬다. 일단 나는 누구에게든 솔직해지기로 했다. 군더더기 없이 포장하지 않고, 있는 사실을 이야기하기로 했다. 예전에도 내가 숨기거나 거짓을 말하거나 과대 포장한 것은 아니었다. 그냥 누구를 만나든 편하게 대하자는 마음가짐을 가지기로 했다. 다른 사람에게 잘 보일 필요는 없었다. 그럴 필요는 하나도 없었다. 그저 나는 나인 인생을 사는 사람이고, 세 아이를 둔 엄마였다.

마음속의 온갖 잡념들을 가라앉히고 없애는 데에는 명상이 좋다고 들었다. 스스로 할 방법을 찾다가 마음공부를 키워드로 인터넷을 뒤졌다. 영상 하나가 떴는데, 벽면의 커다란 십자가 앞에서 쥐색 승복을 입은 스님이 마이크를 든 영상이었다. 그 아이러니한 상황이 궁금해서 클릭하게 되었다. 영상은 예상과 달리 고리타분한 사회의 질서유지와 인류의 평화를 기원하는 종교 영상이 아니었다. 아무리 사소하고 개인적인 일이라도 살아가면서 누구나 고민하고 답답해하는 것들을 스님께 질문하면, 스님은 짧고도 강한 메시지로 답하는 내용이 담긴 영상이었다. 위트가 있는 해학과 삶을 통찰하는 고견을 가진 스님이 질문자 바로 앞에서 유쾌하게 풀어내는 대답에 속이 시원했다. 머릿속에서 구름이 걷히는 기분이었다. 고대 철학자들이 스승과의 대화에서 주고받던 선문답이 이런 형식이었을까? 살면서 겪는 남녀차별 문제, 고부 관계, 자식 문제, 행복을 추구하는 방법 등 어떤 질문도 모두 다 받아 주시는 분은 바로 법륜 스님이었다. 나는 종교는 없었지만 바로 법륜스님의 팬이 되었다.

어느 나이 든 여성이 법륜스님에게 질문했다.

"아이만 놔 놓고 평생을 밖으로만 돌아다니는 남편이 있는데예, 집안일은 손 하나 까딱 안 합니더. 인자는 직장도 없고 하루 쟁일 집에만 있고 차려 주는 밥만 먹데예. 남편이 느무나 미운데 어쩌면 좋을까예?"

나름 심각한 목소리로 하는 말에 법륜스님은 대답했다.

"산에 사는 다람쥐나 거의 모든 동물은 수컷은 교미만 하고 가 버립니다. 자식 키우는 일은 암컷이 모두 도맡아 합니다. 자연 이 그렇습니다. 물론 남편이 집안일 거들어 주고 아이들 키울 때 옆에서 함께하면 좋죠. 남편이 밖을 돌고 도와주지 않아도 어미는 최선을 다해 자식을 키워야 합니다. 자식은 죄가 없죠. 당연히 힘들지. 힘든 결혼 생활 감당 못 할 거면 왜 했나? 나는 힘들 것 같아 결혼 안 하고 혼자 절에 들어와 살지."

법륜 스님은 가볍게 웃음으로 답을 마무리했다. 나는 적잖이 충격 이었다. 젊은 남녀가 결혼하고 둘 다 사회생활을 하며 집안일을 반반 나눠서 하는 것이 일반화된 사회이다. 매스컴의 인기 연예인 부부들 은 서로 이벤트를 무엇을 해 주었네, 아내를 위한 음식을 해 주었네, 야단법석일 때 은근히 부럽고 내 상황과 비교가 되곤 했다. 〈슈퍼맨 이 돌아왔다〉라는 인기 장수 프로그램은 귀여운 스타들의 아기 모습 도 화제지만, 육아하며 힘든 상황을 겪는 아빠들의 모습에 대리 만족 을 느끼게 해 주었다.

남의 남편들은 그렇게 적극적으로 육아도 참여하고 집안일도 돕고

하는데 왜 나는 늘 독박 육아일까? 불만과 불평이 많았었다. 그런데 모든 일은 자업자득이고 그러려니 하고 살아가라는 스님의 조언에 깜짝 놀랐다. 내가 옳고 상대가 글러서 화가 나 있었는데 화를 내는 것은 전혀 도움이 되지 않는다고 말씀하셨기 때문이다. 화내고 불평한다고 남편의 성격이나 행동이 바뀔 리 만무하고 화를 가지고 사는 스스로만 마음을 다치고 힘들어진다고 했다. 어차피 돌아가고 살아지는 인생에 거스르지 말고 순리대로 받아들이되 자신의 행동에 자유를 느끼라고 말씀하셨다. 남을 바꾸려 하지 말고 나의 마음을 바꾸라는 말이다. 나는 이 말을 이해하고 받아들이기까지 상당한 시간이 걸렸다. 반항하며 거스른 마음이 결국 내게 더 상처가 된다는 말이 수긍가기 시작했다. "모든 근원은 나에게 있다."라는 말을 이해하기 시작했다. 그렇게 좀 더 심도 깊은 마음공부로 들어가기 위한 준비가 시작되었다.

공무원 공부를 접으니 시원섭섭했지만 생각할수록 나에게 참 쓸데없는 공부란 생각이 들었다. 어떻게 하루아침에 모든 게 달라져 보일까? 나의 공부 에너지는 책으로 갔다. 대형 서점에 가서 평소 좋아하던 자기계발 서적을 하루 종일 읽기 시작했다. 출간이 좀 지난 책들은 도서관에서 빌려 봤다. 아침에 막내 희나가 등교할 때 같이 집을 나섰

고, 희나가 방과 후 학교 돌봄 교실과 피아노 학원을 모두 마친 시간
쯤 다시 집으로 돌아왔다.

확실한 자기 긍정 메시지를 스스로에게 심어 주는 책들을 찾아 읽
었다. 환경은 변하지 않았지만, 마음을 어떻게 먹느냐에 따라 지옥을
볼 수도 천국을 볼 수도 있었다. 엄마로서 자존감을 키우는 공부도 하
고 시간을 관리하는 기술도 보고 내 인생 운이 풀리는 말버릇들과 효
용적 가치를 둔 생각하기 기술들도 모두 읽으면서 하나씩 정리해 갔
다. 자존감을 높이는 대한민국 1등 강사의 유튜브 강의에서 친숙하게
도전 메시지를 들을 수 있었다. 명실공히 대한민국 최고의 강사인 김
미경의 강의를 통해서는 끊임없이 도전하는 모습을 볼 수 있어 좋았
다. 그녀는 얼마 전 갱년기로 인해 몸이 너무 아팠다고 했다. 그리고
다이어트와 함께 헬스에 도전하여 등 근육이 보디빌더 같은 몸매를
만들었다. 옷 만들기를 취미로 가지고 있다가 정식으로 미국에서 패
션 스쿨을 다녀오고 김미경 브랜드로 옷을 만들더니, 싱글 맘들을 위
한 자선 패션쇼도 열었다. 그녀는 꿈을 계속 찾다가 테드 강의처럼 영
어로 전 세계 사람들과 이야기 나누고 전하고 싶어서 새벽마다 일어
나 영어 공부를 했고, 영어로 강의를 시작하게 되었다. 불꽃 같은 열
정은 나이와 상관없이 멋져 보였다.

수술이 끝나고 2주 만에 학원의 모든 정리가 끝났다. 결국, 철거 업체를 불러 한 층을 아무것도 없는 빈 공간으로 만들어야 했다.

처음부터 내가 학원을 시작한 것은 아니었다. 아이들을 키우며 사회에 진출할 수 없어 직장을 못 다녔을 때, 집이 너무 갑갑했다. 나만 세상과 떨어져 도태되는 기분이었다. 아이들은 예쁘지만, 그것만으로는 내 안에 있는 것들이 해소되지 않았다. 그렇다고 이력서를 들고 직장을 갖는 것도 내게는 무리였다. 여러 고민 끝에 재택근무를 할 수 있는 일을 찾았다. 집에서 아이들을 가르쳐 보기로 한 것이다. 처음 공부방은 말 그대로 집에서 아이들 방 하나에 책상을 놓고 시작했다. 아파트 장터에서 직접 만든 전단으로 홍보하고 아파트 전용 인터넷 카페에 공부방 개업을 알렸다. 당시에는 전 과목 공부방이 유행했다. 전 학년의 전 과목을 지도하려면 많은 준비가 필요하고 아이들도 공부하는 곳이 아닌 방과 후 교실쯤으로나 생각할 것 같았다. 좀 더 전문적으로 수학 한 과목만 집중하기로 했다. 가정집에서 가르치지만, 대형 화이트보드를 활용하고 다양한 교구들로 수업을 좀 더 입체적으로 하기 시작했다. 단순히 문제집 푸는 것은 어디서나 같으므로 나만의 수업방식을 매일 밤 연구했다. 몇 달 만에 매주 우리 집으로 오는 학생이 40명이 넘었다. 꽤 성공한 편이었다. 1년 정도 지속하였지만, 남편의 직장을 따라 이사하게 되었다.

그간 모든 성과가 다시 영으로 돌아갔다. 이사 간 곳에서 다시 이전처럼 할 수 있다고 스스로 다독였다. 학생들을 모아야 했는데 이번에는 주택단지라서 아파트처럼 쉽게 홍보할 수 있는 통로가 전혀 없었다. 동네에 아는 사람은 한 사람도 없었다. 때문에 혼자 있는 것을 좋아하는 나의 성격을 바꿔야만 했다. 인맥을 만들려면 동네 사람들에게 인사도 잘하고 나라는 존재를 알려야 했기 때문이다. 싫더라도 사회성을 키워야 했다. 아무도 나를 알아서 도와주지 않기 때문이다. 첫째인 희정이가 초등학교에 입학했고 나는 아이를 학교에 데려다주며 교문 앞에서 만나는 학부모들과 인사를 나누면서 차츰 인맥을 만들어 갔다. 친해진 학부모들에게 아이 친구들을 중심으로 품앗이 수업을 제안했다. 나는 가베 수학을 하고 다른 엄마들은 영어 동화를 읽어주든지 요리 수업을 하든지 각자의 희망으로 재능 기부를 하면서 수업을 해 보자고 했다. 엄마들이 모인 가운데 내 수업은 아이들이나 엄마들에게 인정을 받았다. 친구의 형제자매들도 가르치게 되었다. 점점 인원이 많아지며 다시 공부방을 시작하게 되었다. 3년쯤 되었을 때는 집에서 수용할 수 있는 인원을 넘게 되었다. 아이들 초등학교 교문 앞에 학원을 내기로 했다. 학원 운영 경력이 하나도 없는 내가 무작정 도전하기로 했다. 대학 시절 내내 아르바이트로 했던 과외 경험과 IMF 시절 직장이 도산하여 없어졌을 때 임시방편으로 학원 강사 일을 했던 것, 몇 년간 공부방을 운영한 경험이 나의 이력의 전부였다. 두려운 마음도 있지만 설레는 마음이 더 컸다. 그렇게 학원 원장으로 다시 사회생활을 하게 되었다.

집에서 아이들과 함께하는 시간도 소중했지만, 내게는 스스로 돈을 벌고 사회에 도움이 되는 직업을 갖는다는 것이 큰 의미로 다가왔다. 집을 나와서 나만의 일터로 향하면 왠지 모를 뿌듯함에 차서 발걸음부터 신이 났다. 아이들에게 좋은 선생님이 되려고, 쉽고 재미있는 수학을 가르쳐 주려고 열심히 준비하고 다방면으로 연구했다. 점점 입소문이 나서 광고 하나 없어도 학원생들이 끊이지 않았다. 누구의 지시를 받는 일이 아닌 자발적으로 진행한 일이 척척 한 단계 한 단계 밟고 올라가니 만족스러웠다. 보조 강사 선생님들 몇 명과 근처 학원가에서 제법 이름을 내며 나의 도전은 성공 궤도를 달리고 있었다.

그렇게 몇 년을 나의 자부심과 일하는 기쁨으로 잘 운영해 오던 학원이었다. 학원을 올라가는 계단의 발걸음이 무거워지기 시작한 것은 희정이 때문만은 아니었다. 그동안 앞만 보고 달려온 시간이 지치기도 했다. 주변의 아파트 재건축과 날로 줄어드는 학생 수는 핑계일지도 모른다. 세월호 사건이나 메르스 때문에 사회 전체가 얼어붙어 있어도 학원을 매일 열었었다. 이제 쉬어 가는 타임인 것을 스스로 인정해야 했다.

학원 인테리어 철거는 전문 업체를 부른다지만 학원 책걸상과 사무 집기류는 따로 처리해야만 했다. 엘리베이터도 없는 3층 학원에서 모든 책걸상을 친정 아빠와 남동생과 남편과 나, 이렇게 넷이서 1층으로 날랐다. 친정 부모님은 내가 세 아이를 키우며 학원을 경영하며 일하는 것이 안쓰러워, 수시로 와서 아이들 반찬과 집 안 청소를 도와주셨다. 아빠는 매일 같이 학원에 출근해서 바닥을 쓸고 닦고 화장실까지 청소해 주시고 가셨다. 나는 맏딸이었지만 막내딸 같이 부모님의 연세가 많으셨다. 두 분은 늦게 결혼하셨고 첫째 아이를 가슴에 묻으신 뼈아픈 기억이 있으셨다. 이미 결혼한 딸에게도 언제나 애지중지 사랑으로 감싸 주시고 궂은일은 당신들이 도맡아 해 주셨다. 감사하고 또 감사한 마음뿐이다. 부모님의 은혜는 갚아도 갚아도 줄어들지 않는다. 친정 남동생도 한 시간 거리에 살고 있지만, 언제나 누나의 일에는 적극적으로 와서 도와줬다. 우리는 3살 터울의 남매로 자랐지만, 결혼은 같은 해에 했다. 부모님 친구분들은 같은 해 두 번 결혼식에 오셨고, 제일 늦게 자식을 결혼시키면서 가장 빨리 출가를 모두 끝냈다고 술자리마다 말씀하시곤 했다.

중고 시장에 팔 책걸상들이 학원 건물 앞에 차례로 내려왔다. 개인

엄마, 나 고등학교
자퇴할래요

독서실 책상이어서 책상마다 조명등을 설치해 놨었다. 인근 조명 업체에 책상 사이즈에 맞춰 스탠드 조명을 주문 제작하고 개별로 하나하나 수공으로 설치한 책상이었다. 아이들 시력 보호에도 신경을 써서 눈에 청량감을 주는 초록 나무 나이테 무늬로 일괄 통일시켰다. 학원 의자는 사용 개수에 맞춰 하남까지 아빠의 카니발을 가지고 가서 직접 실어 날랐다. 원장실의 책꽂이와 서랍장, 수많은 문제집과 교재, 프린트물 하나하나가 도로에 늘어서게 되었다. 1층에 있는 부동산 사장님과 미용실 원장님도 밖에 나와서 늘어놓은 학원 살림을 보며 한마디씩 했다.

"그동안 정들었는데 아쉽네."
"책걸상들이 깨끗해서 그냥 내놓기 아깝다."

2층 피아노 원장님은 얼마 전 결혼하여 출산 휴가 중이었다. 직접 인사를 못 해서 전화로 서로 아쉬운 마음으로 통화만 했다. 덕담 한마디씩 주고받으며 작별 인사를 나눴다. 중고로 나갈 책걸상들이 처리되고 남은 물건들은 폐기물 처리 업체가 와서 수거해 갔다.

20년을 같이한 바늘이 부러져 더 이상 같이 바느질을 할 수 없는 상황을 두고 조선 시대 한 여인은 글을 썼다. 바로 바늘의 명복을 비는 축문, 〈조침문〉이었다. 새벽 어스름한 달빛을 뚫고 집안에 살림을 보태고자 한결같이 바늘과 함께 했을 여인이었다. 자신의 한과 고단함, 외로움을 함께 버텨준 바늘이 한순간에 손끝에서 부러진 것이다. 생명이 없는 작은 물건이지만 얼마나 아쉽고 애틋하고 안타까웠을까? 나의 하루의 시작과 끝을 함께 동고동락했던 책걸상들이 하나둘 폐기물 트럭에 실려 떠나니 그 여인의 마음이 헤아려졌다. 아깝고 애타고 그리운 심정이 마음속에 가득 채워져 떠나는 트럭 발치를 안 보일 때까지 배웅했다. 나도 모르게 코끝이 아렸다.

건물 원상 복구를 위해 철거반을 불렀다. 학원의 가벽들을 모두 허물고 창문의 선팅도 모두 벗겨 내야 했다. 처음 여기 들어올 때처럼 모든 것이 하나도 없는 빈 공간으로 다시 만들어야 했다. 망치로 가벽을 부수고 벽지를 모두 뜯어냈다. 먼지가 뿌옇게 공간을 메웠다. 폐기 처리 건축자재도 네 포대가 넘게 나왔다. 쓰레기를 비우고 빗질을 싹싹 하고 마무리로 대걸레질까지 깔끔하게 하니 네모반듯한 넓은 공간이 나왔다.

이제 수술 후 회복된 몸도, 시끄러운 마음 정리도, 정들었던 나만의

엄마, 나 고등학교
자퇴할래요

아지트와 나의 직장도 모두 다 깨끗이 비웠다. 김새해 작가의 유튜브를 보며, 새로운 세상을 향해 내딛는 지금 나 자신을 믿고 사랑해 주리라 다짐했다. 법륜스님의 즉문즉답을 들으며 그동안 마음속에 버려진 상처받은 과거를 달래고 위로했다. 〈김미경 TV〉를 보며 나의 새로운 미래, 내가 원하는 인생의 꿈을 그리며 만반의 준비를 하기로 결심했다. 그렇게 그동안에 묵었던 것들을 청소했다. 아깝고 정이 듬뿍 들었던 것들도 모두 쓸어버렸다. 새로운 것을 받아들이려면 빈 공간이 필요한 법이니까. 내 안에 긍정을 키우며 희정이를 다시 볼 마음의 여유도 키웠다. 내 주변 안과 밖의 걱정과 근심들을 빗질하며 싹싹 치웠다.

부모는 자식을
이길 수 없다

○ 자퇴 승낙

희정이는 자율학습을 빼고 아르바이트를 하고 있었다. 아빠에게 자퇴한다고 말을 했으나 내가 완강히 버티고 있었기에 차마 엄마의 허락 없이 학교 자퇴 도장을 찍지는 못했다. 그러나 마음이 급한 아이는 댄스 학원과 보컬 학원을 등록하기 위해 스스로 학원비를 벌기 시작했다. 학교 수업이 끝난 후 자율 학습을 빼지고 다른 친구들은 대치동 학원으로 뿔뿔이 흩어져 공부할 때 분식점에서 알바를 했다.

모든 것을 아무것도 없는 백지상태로 청소했다고 마음을 다졌지만 그래도 순간순간 울컥한 마음은 없어지지 않았다. 담임 선생님께 전화를 드렸다. 여름방학이 끝나고 2학기가 시작되는 시점이었다. 선생님께 희정이의 자퇴 의사를 말하고 학교에 언제 가면 되냐고 말씀드렸다. 담임 선생님은 자퇴가 처리될 때까지 유효 기간인 숙려 기간제가 있다는 이야기를 말하셨다. 마지막 지푸라기라도 잡는 심정으로 선생님께서 희정이와 이야기하여 다시 학교를 잘 다닐 수 있게 마음을 돌려주었으면 하는 바람이 속으로 들었다. 정중하게 희정이와 깊은 대화를 나눠 주시기를 부탁드렸다. 그러겠노라는 선생님의 약속도 받았다. 나와 희정이는 희정이 공부방에서 같은 공간에 있었다. 하지만 여전히 침대와 책상 사이의 공기는 부드럽지 않았다.

조금씩 아이돌에 관해 마음을 열어 보기로 했다. 나도 노래를 부르고 자신만의 영역을 구축하는 싱어송라이터는 아티스트 전문가로 인정한다. 자신이 하고 싶은 노래를 직접 작사 작곡한다면 가수를 하더라도 생명력 있고 나름대로 의미 있어 보였기 때문이다. 일단 악기를 다룰 줄 알아야 하지 않을까? 자신이 표현하는 곡을 작곡하기는 힘들더라도 악기를 다루며 음을 그려 나가면 창조적인 직업군이 되지 않을까? 악동뮤지션의 찬혁이와 수현이도 선교사인 부모를 따라 몽골에 간 후 딱히 학교 교육을 받지 않고 홈스쿨링으로 학업을 하지 않았나? 톡톡 튀는 그들의 정서와 생각이 그대로 드러난 것은 악동뮤지션이 대한민국 입시 제도 아래서 살지 않았기 때문이라고 생각되었다. 그 옛날 우리가 청소년이었던 시절, 틀에 박힌 교육을 비판하면서 자신의 자유의지를 펼치기 위해 서태지가 '교실 이데아'를 부르며 학교 밖을 나오지 않았던가? 요즘에는 BTS가 전 세계 아이돌 우상이 되었다. 세계가 깜짝 놀라고 비틀스와도 비교할 정도로 그 위세가 대단하다. UN에서 청소년을 향해 자신을 사랑하라는 메시지도 전했다. 그들은 자신만의 당당한 표현으로 문화와 인종과 세대를 뛰어넘어 사랑받는 뮤지션이 되었다.

확실히 마음공부를 하고 편안한 상태를 유지한 것이 효과가 있나 보다. 희정이가 정말 하고 싶은 일이라면 어쩔 수 없다고 나 스스로를 달랬다. 아이의 인생을, 자기가 스스로 선택한 것을 존중해 주자. 마냥 반대만 할 것이 아니라 자신의 인생을 용감하게 선택한 희정이를 이해해 보자. 필요한 것들을 같이 살펴보고 한 발짝 뒤에서 희정이가 원하는 것을 해주자. 그렇게 마음을 다시 고쳐먹었다.

'자식 이기는 부모는 없다.'

이 말이 진리로 받아들여졌다. 자식과 싸워서 이기는 방법은 모질게 먼저 정을 딱 끊어야 한다고 했다. 부모는 자녀에 대한 애정과 집

착이 크기 때문에 정을 끊기가 힘들다. 누구보다 자식이 그 사실을 더 잘 안다. 너덧 살 먹은 아이가 엄마에게 저항하는 방법이 떼쓰기인데, 그중 가장 잘하는 것은 밥 안 먹기이다. 엄마는 밥그릇을 들고 따라다니며 먹인다. 중학생쯤 되면 밥 안 먹는다고 해서 부모가 눈 하나 꿈쩍이지 않는다. 그때 반항하는 방법은 집을 나가는 거다. 부모는 아이를 찾으러 정신없이 다니게 된다. 스무 살이 넘으면 집 나가는 정도 가지고는 안 된다. 그때는 죽어 버리겠다는 말로 부모를 위협한다. 그럼 어떤 부모라도 자식에게 지게 되어 있다.

자식 이기는 부모 없다는 말이 이렇게 마음으로 새겨진 일이 없다. 결국, 지는 게임인 것이다. 하지만 희정이와 나는 대립적인 관계가 아니었기에, 누가 이기고 지는 싸움이 아니었다. 희정이는 모든 일을 잘해냈고 척척 말 한마디에 냉큼 할 일을 끝내는 아이였다. 내가 항상 지시하면 아이는 따라주었기 때문에 인생의 선배로서 가르친다고 생각했었다. 내가 제시하면 아이도 내 마음 같이 따라와 줄 것이라 믿었나 보다. 뒤돌아보니 어리석었다. 아이의 결정에 한 번이라도 진지하게 고민하고 미래에 대해 말했어야 했는데 순간의 충격으로 내 마음만 추스르기에 바빴다. 아이 처지에서 완강히 거부당한 마음을 파악하지 않고 내 가슴이 무너지는 것만 생각한 것이다.

희정이에게 처음으로 화를 내지 않고 앞으로 어떻게 살고 싶냐고 다시 물었다. 아이는 지금 노래와 춤을 배우고 싶다고 했다. 일단 오디션을 나가야 하는데 외모에 자신이 없다고, 살이 많이 쪄서 노래를 듣기도 전에 낙방할 것이라고 했다.

"재능과 끼가 있다면 몸매는 그다음이 아닐까?"

하고 물었지만, 아이에게는 확신을 주지 못했다.

"같이 다이어트를 시작할까? 헬스도 하고…… 어때?"

아이는 흔쾌히 받아들였다. 나는 마지막 미련으로 학교 자퇴를 허락하는 대신 희정이가 잘하는 영어와 중국어는 계속하기를 원했다. 희정이도 좋다고 했다.

담임 선생님과 따로 상담한 적이 있냐고 물었다. 희정이는 그냥 자퇴하겠다고 말씀드리니 옆 반 선생님과 웃으며,

"애가 요즘 정신 못 차리는 애예요."

하고 말하더란다. 아이는 순간 얼굴이 확 달아올라 아무 말도 못 했다고 했다. 따로 불러서 진지하게 아이가 어떤 고민을 하고 왜 그런 생각을 했는지 질문한 것이 아니었다. 아이는 교무실 선생님 앞에서 벌 받는 심정으로 내내 서 있었다고 했다. 그러고는 중간고사 기간이 얼마 안 남았으니 시간을 두고 생각을 해 보자고 하시더란다. 어쩔 수 없이 그 자리를 떠나야 했다고 말했다.

희정이 앞에서 내색은 안 했지만 좀 화가 났다. 희정이는 문제아가 아니다. 자퇴한다고 말했다면 빈말이라도 요즘 고민에 관해 물어봤어야 했다. 적어도 학교생활을 책임지는 담임선생님이 아닌가. 심지어 희정이는 1학기 반 회장이었다. 한 학기 내내 담임선생님이 하는 종례를 대신하고 선생님을 도와 유인물을 반 아이들에게 나눠 주고 회답지를 한 사람도 빠짐없이 채근해서 받아야 했다. 환경미화 기간일 때는 다들 학원에 가야 한다며, 남아서 도와주는 친구들이 없어 애를 먹기도 했다. 수업이 끝난 후 청소 지도도 희정이가 선생님 대신해야 했다. 학기 초 청소 구역을 제대로 하지 않고 땡땡이치는 아이들에게 모질게 말하지 못하고 넘어간 적이 있는데, 아이들 보는 앞에서 가차 없이 회장 자격이 없다는 둥 청소가 안 된 구역에 대해 희정이 탓을 하며 나무란 적이 많다고 이야기했었다.

따뜻한 말 한마디로 아이와의 진로 상담을 원했던 내 생각은 이미 물 건너갔다고 생각했다. 그간 학업 스트레스와 회장을 하며 아이가 받았던 중압감을 이해하지 못해서 미안했다. 엄마인 나도 아이의 마음을 못 헤아려 대화다운 대화를 못 했는데 선생님도 마찬가지였나 보다. 다음날 희정이의 자퇴 희망을 다시 전화로 담임선생님께 말씀드리며 직접 가서 상담드리겠다고 했다. 담임선생님은 중간고사 시험 제출 기간이라 바쁘시다며 상담을 꺼리셨다. 그냥 전화로만 통화하고 희정이는 자퇴를 선택했노라고 말씀드렸더니 알았다고 했다. 또 한없이 기다리는 날이 계속되었다. 자퇴희망 전화를 드리고 선생님의 다음 지시를 기다리고 있는데 묵묵무답이었다. 희정이는 초조해했다. 자퇴하게 되면 아이들은 검정고시를 봐야 한다. 검정고시는 매년 두 번 4월과 8월에 있었고, 자퇴한 뒤 적어도 6개월이 지나야 시험을 치를 수 있다는 사실을 알았다. 중간고사가 끝나자마자 긴 추석 연휴가 있었다. 4월 시험을 치러봐야 이후에 수능이나 다른 준비가 더 수월할 것 같았다. 희정이는 다시 선생님께 가서 자퇴 진행이 어떻게 되고 있냐고 여쭈었다. 선생님은 숙려 기간을 이야기하며 또 아이에게 그냥 기다리라고 했다. 어쩔 수 없이 아이는 교무실을 나와야 했다.

결국, 희정이는 차일피일 미룬 선생님의 요식 행위로 4월에 검정고

엄마, 나 고등학교
자퇴할래요

시 시험을 볼 수 없게 되었다. 내가 가지고 있던 학교와 선생님에 대한 믿음과 신뢰가 다 깨졌다. 자퇴한 학생은 이제 관할 밖이라 생각하는 것인가? 인생의 큰 결정을 너무나 성의 없이 결정짓는 듯한 공교육이 실망스러웠다. 희정이는 마음이 더 착잡했으리라 생각이 든다. 자퇴서에 부모의 도장을 찍으러 학교에 간 날도 담임선생님을 볼 수가 없었다. 희정이에게 반 친구들에게 작별인사를 하고 나오라고 했다. 그렇게 충격의 자퇴 선언과 내 마음의 분노를 아이 처지에서 다잡았다. 꼭 인정이 아니더라도 져 주는 것이 부모가 아이를 믿고 사랑하는 마음이라 여기며 자퇴는 마무리되었다. 내 눈에 흙이 들어와도 안된다는 신파극 대사는 사라지고 자식을 이기는 부모는 없다는 진리가 마음에 새겨졌다. 텅 빈 운동장을 지나 학교 교정을 희정이와 천천히 나왔다. 서늘한 바람이 스산하게 등 뒤에서 불어왔다.

CHAPTER 2

엄마의 특명,
영재 프로젝트

❧ 자퇴 후 수난기 ❧

살과의
전쟁

○ 다이어트

담임선생님과 찜찜한 관계로 학교를 그만둔 것이 깔끔하게 마무리 매듭을 묶지 못한 것 같아 며칠 언짢았다. 스스로 학교를 그만 둔 것이 기분 좋은 일도 잘한 일도 아닌데 희정이에게는 해방감을 주었나 보다. 전에 없이 더 의욕이 불타올랐다. 나도 반짝이고 적극적인 희정이를 보니, 담임선생님과의 관계는 뒷전으로 미뤄 두고 다시 힘이 났다.

희정이에게 앞으로 해야 할 일 중에 가장 걱정이 무엇이냐고 물어봤다. 희정이는 몸무게라고 답했다. 희정이는 운동량과 공부량이 현저하게 불균형을 이루는 중학교 때부터 몸무게가 급격히 늘기 시작했다. 그리고 어느 순간 내 몸무게를 추월해 버렸다. 희정이는 자신의 체중에 스트레스를 많이 받으면서도 정작 다이어트를 할 수가 없었다. 오디션을 보더라도 체중 관리는 자기 관리에 속해서 지적을 많이 받을 거라고 걱정했다. 자퇴를 결심한 이후엔 기존 몸무게보다 꽤 많이 줄였으나 아직 아줌마인 내 몸무게와 같았다. 나도 만만치 않은 몸무게를 가지고 있었다. 새로운 의지력이 불타고 있었기 때문에 우리는 같이 새벽 운동을 하기로 했다. 똑같은 몸무게가 신기하게 느껴졌다. 같이 시작하기에 얼마나 기막힌 타이밍인가.

매일 같이 새벽에 집 근처 헬스장에 갔다. 희정이는 그 뒤에 서둘러 샤워를 하고 강남역으로 향했다. 영어 회화반과 중국어 HSK반에 등록했다. 수업 사이 점심을 간단히 먹은 후 아르바이트 장소로 향했다. 아르바이트가 없는 요일에는 댄스 학원과 보컬 학원에 다녔다. 새벽의 신선한 바람을 쐬며 희정이와 헬스장 가는 길에 걸음마다 새로운 각오가 다져졌다.

희정이의 체력 관리와 다이어트를 같이하기로 하며 나도 신이 났다. 얼마 만에 느끼는 의욕인지 사는 맛이 났다. 아이가 암만 속을 썩이고 고통을 주는 원수 같아도 이렇게 마음을 맞추면 세상에 부러울 것이 하나도 없다. 엄마는 아이들을 키우며 오로지 나만을 바라보는 아이들을 위해 세상 무서울 것이 없는 강한 엄마가 된다. 아이들을 위해서라면 그 무엇도 가능하다는 걸 느꼈다.

결혼 이후 불어난 살들이 처음부터 내 것인 양 익숙해져 있었는데 이참에 나도 다시 예전의 몸으로 야무지게 살을 빼기로 했다. 인바디 검사를 하고 본격적인 헬스로 몸을 단련하기 시작했다. 러닝 머신으로 빠르게 걸은 뒤, 허리가 안 좋아 거꾸로 매달리기를 5분 정도 하고 스쾃, 런지를 20회씩 3세트를 했다. 리버스 크런치, 푸시업 크런치도 10회씩 2세트, 플랭크 버티기 20초, 러닝 머신으로 빠르게 걷기로 마무리하며 헬스 한 시간을 채웠다. 부르기도 어려운 체력 운동들이 헬스장 벽면에 크게 붙어 있었다. 나 같은 초보자들에게 그냥 보고 따라 하라고 포스터가 일러 줬다. 일주일 동안 양쪽 허벅지 근육통으로 계단을 오르내릴 때마다 나도 모르게 신음이 터져 나왔다.

헬스장 코치도 새벽 문 열자마자 나오는 모녀 둘이 열심히 하는 것을 보고 격려해 주었다. 자세도 바로잡아 주고, 효과적인 운동이라며 근력 운동 루틴도 만들어 주었다. 더 본격적인 운동량으로 내 몸의 팔다리가 어디 있는지 움직일 때마다 고통으로 확인이 되었다. 그래도 희정이와 나는 체중 감량을 위해 주말을 제외한 모든 날을 비가 오나 바람이 부나 헬스장에 꼬박꼬박 갔다.

'분명 0.5kg 빠졌을 거야. 오늘은 1kg은 빠져야지, 운동량이 이렇게 폭발적인데……' 하며 걷기, 거꾸로 매달리기, 크런치, 런지, 플랭크, 마운틴 클라임 등 운동 강도와 횟수를 점점 늘려 나갔다. 첫날 복부운동으로 윗몸일으키기는 한 개도 하지 못했었다. 정말 이 정도로 체력이 바닥에 떨어졌을 줄은 몰랐다. 한 달여 만에 20개를 복부의 힘으로 일어났다. 옆에서 같이 매트 깔고 하는 희정이도 처음보다 자세며 운동 횟수가 점점 늘어났다. 희정이와 나는 서로 격려하며 매일 새벽을 그렇게 분주히 다녔다. 한 달이 지나 다시 인바디를 측정하였다. 내심 체지방량이 얼마나 분해되었는지 약간은 떨리는 맘으로 저울에 올라섰다. 결과는…… 허무하다 못해 참혹했다.

희정이도 나도 1kg조차 빼지 못했다. 하루 화장실만 몇 번 가고 밥 한 끼, 물 한 컵 원샷 하면 왔다 갔다 하는 게 1~2kg이다. 사실 체중의 변화가 없는 것은 매일 체중계에 들락날락 오르내리며 확인했다. 그래도 체지방이 근육이 되어 몸무게가 변화가 없는 것이라고 믿었다. 인바디 결과 체지방률이 26.7에서 27.7로 늘었다. 정말 말도 안 돼! 처음엔 화가 났다. 그 뒤엔 체중계를 의심했다. 믿을 수가 없었다. 얼마나 힘들게, 근육이 땅기고 아파서 겨우겨우 다시 풀어 가며 한 운동인데 효과가 전혀 없다니…… 좌절의 단계를 거쳐 의욕 상실이 왔다. 결국, 운동으로 살을 빼기는 힘들다는 말인가. 어깨가 처지고 우울감이 나를 바닥으로 끌어내렸다. 다시 이불 속 안으로 들어가 웅크리고 싶었다. 일단 피곤함이 억수로 밀려들었다.

다음 날 아침부터 인바디 결과지를 들고 분석했다. 한 달 헬스 운동으로 땀을 빼도 체중 감량에는 실패했지만, 아침에 일어날 때 온몸이 쑤시고 결리는 현상이 없어졌다. 샤워 후 거울 앞에 선 모습에서 보디 라인이 조금씩 잡히는 것이 보였다. 바지 허리 라인 위로 삐져나오고 처져 있던 살들을 살살 달래어 위로 착 붙인 것 같은 모습이었다. 표준 복부 지방률이 0.70~0.80 사이인데 나는 0.89에서 0.88이 되었다. 복부 지방부터 잡는 게 우선이었다. 몸의 중심을 잡는 코어 운동은, 처음에는 윗몸일으키기를 하나도 못 했는데 한 달 후 20개로 나름 신체 운동량의 변화가 있었다. 희정이와 나는 플랭크 운동으로 복부 운동을 병행하기로 했다.

식단이 문제였다. 이전에는 6시 이후에 금식으로 나름 먹는 양을 조절했다고 생각했다. 철저하게 식단을 관리하기로 했다. 핸드폰으로 다이어트 앱을 깔고, 체중을 기록하고 먹는 것 하나하나의 무게를 재서 칼로리를 계산하였다. 하루하루 메뉴를 선정할 때 탄수화물은 죄다 배제했다. 그런 내가 좋아하는 음식은 쫄볶이, 엽떡, 국물 떡볶이, 즉석 떡볶이였다. 다 같은 떡볶이로 보이는가? 나에겐 다 다른 메뉴이다. 그 외에도 빵, 토스트, 샌드위치, 바게트, 치아바타, 떡, 인절미, 백설기, 시루떡, 호박범벅, 스파게티, 쫄면, 냉면, 잔치국수, 만둣국, 군만두, 찐만두, 새우만두…… 어쩜 내가 좋아하는 것들은 하나같이 모두 탄수화물이었다. 이 모든 것과 당분간은 이별해야 했다. 희정이를 위해서, 아니 나를 위해서 체력 관리와 체중 조절은 이제 불가피한 사항이 되었다.

매일 아침과 점심을 한 접시에 보기 좋게 담았다. 도토리묵이나 두부를 부쳐서 포만감을 주고 달걀프라이나 삶은 달걀로 단백질을 보충했다. 오이와 당근은 같이 한 번에 먹으면 안 된다고 하여 번갈아 먹고, 방울토마토와 양상추, 양배추, 다시마, 생선들로 접시를 채웠다. 탄수화물은 고구마와 단호박과 바나나를 제외하고는 일절 먹지 않았다. 희정이와 같이하니 그리 괴롭지 않았다. 배고프다는 느낌이 들 때마다 물을 마셔댔다. 뭔가 입이 심심해서 간식을 찾을 때마다 양배추 반 통을 썹어 먹고는 알싸한 양배추 특유의 맛에 속이 쓰리기도 했다. 점점 몸이 가벼워지는 것을 느꼈다.

희정이는 자신의 인생에서 현재를 살아가고자 했다. 스스로 입시 괴물 같은 무의미한 생활을, 사회적 편견을 버리고 밖으로 나왔다. 냉혹한 현실과 여러 어려움을 예상한 나였지만 그렇다고 혼자 내 아이를 내버려 둘 수는 없었다. 아이와 생각의 주파수를 맞추고 함께 보폭을 줄여 걸어가기로 했다.

우선 무엇이든 관심을 가지고 배워야 했다. 포기하고 좌절하는 순간 실패로 끝나는 마침표가 될 것이다. 안 되는 시점에 다시 점검하고 무엇이 문제인지 분석해 봐야 한다. 계속 도전하며 힘들어도 계속할 수 있는 원동력을 가져야 했다. 원동력은 자신이 원하는 목표일 수도 있고 사람일 수도 있다. 나에게는 희정이, 세 아이들이 원동력이고 힘이 되는 충전재였다. 그렇게 살과의 전쟁이 시작되었다. 소리 없는 전쟁이었다. 엄마는 그냥 무너질 수 없었다. 다시 일어서고 또 일어섰다. 엄마니까.

입시 괴물을
탈출한 좀비

○ 두통과 무기력

날씨가 조금씩 쌀쌀해지는 늦가을이 되었다. 희정이는 환절기에 감기에 걸렸다. 그르게 새벽 헬스장 운동 후 머리 감고 완전히 드라이로 말리고 나가라니까. 기온이 뚝 떨어진 날씨에 젖은 머리로 나갔다가 된통 감기에 걸린 모양이었다. 콧물을 훌쩍거리며 쉴 새 없이 풀어 대는 통에 코끝이 빨개진 희정이는 열도 있는지 얼굴 전체가 벌겋게 달아올랐다. 얇은 겉옷에 신경이 쓰여 겉옷을 입으라는 소리를 했는데도 늦었다며 현관문을 열고 뛰어나갔다. 미간에 주름이 잡히면서 인상이 찌푸려졌다.

오전 시간에는 평상시보다 여유가 있었다. 아무 일 없이 그냥저냥

흘러갔다. 아이들 오후 간식으로 스팸 김밥을 만들어 놓고 들깨 미역
국으로 저녁을 해 놨다. 계속 이마 앞이 주름이 지며 신경이 쓰였다.
설거지하며 음악을 듣다가 아이패드를 주방 싱크대에서 뚝 떨어트렸
다. 바닥으로 엎어진 아이패드를 멍하니 보다가 허리를 굽혀 주웠다.
뒤집어 보니 역시나 액정에 금이 가고 깨졌다. 화면은 나오는데 터치
가 영 불안했다.

'젠장! 또 언제 가서 고치나……'

미간 주름은 더 깊게 파고들었다. 게다가 둘째 희수는 학원 가기 전
에 자기 방에 있던 소화기를 분사해 버렸다. 안전핀이 빠진 줄 모르고
손잡이를 잡다가 소화 분말이 방바닥에 그냥 다 뿌려진 것이다. 책상
위며 책꽂이며 백색 분말 가루가 방안에 두껍게 덮였다. 아수라장이
된 둘째의 방문을 일단 닫아 버렸다.

나에 대해 알아보는 시간을 갖고자 블로그를 시작했었다. 매일 한
가지 이상의 포스팅을 올리겠다는 나와의 약속을 어기며 벌써 이틀
째 밀렸다. 나의 미래에 대한 투자로 자기계발을 하겠다며 시작한 영
어공부도 해야 했다. 블로그 글쓰기와 영어공부는 둘째 치고 오후에
학생들 수업이 있었다. 학원을 운영할 때 가르치던 학생들 몇몇이 고
맙게도 우리 집으로 와서 수업을 들었다. 그렇게 나는 다시 집에서 학
생을 가르치기 시작했다. 학생들 때문에라도 집 안을 청소해야 했다.

최소한 거실 청소만이라도. 머리가 또다시 깨질 듯이 아팠다. 두통약을 먹었는데도 말을 듣지 않았다. 속이 더부룩하고 갑갑한 체증이 느껴진다. 좀 전에 싼 스팸 김밥을 서서 집어 먹은 것이 단단히 체했나 보다.

평소에도 두통이 자주 있었다. 신경 쓸 일들이 많았기 때문이다. 세 아이 키우는 일은 만만치 않았고, 집안일을 혼자 처리하거나 학원 일까지 신경 쓰려면 몸이 열 개라도 모자랐다. 좀 바쁘게 사는 것이 여유 부리며 늦장 피우는 것보다 낫다고 생각했다. 늘 뭔가에 쫓기며 불안했고, 걱정을 안고 살았다. 정신없이 하루를 달리다 보면 내가 오늘 밥을 먹었는지 안 먹었는지도 잊어버리게 됐다. 그냥 아이들 간식 만들고 반찬 만들 때 서서 남은 조각들 주워 먹다 보면 그게 식사였고 매 끼니 때우는 정도로 넘어갔다.

머리가 아프면 정말 아무것도 할 수가 없다. 어떨 때는 들숨과 날숨이 코로 들어갔다가 나올 때의 작은 움직임조차 신경을 건드렸다. 심장 소리가 쿵쿵거리면 박동 수에 맞춰 뇌 속의 시신경이 같이 움찔거리는 것 같았다. 꼼짝없이 약 한 톨을 입에 넣었다. 눈을 감고 움직임 없이 쉬어야 하는 타이밍이었다. 두통은 괴롭지만, 정신없이 달리는 나에게 잠시 숨을 고르고 쉬는 시간이었다.

헬스를 시작하면서 석 달이 지나갔다. 나의 몸무게는 점점 빠져 갔다. 체중을 감량하려면 일단 먹지 말아야 한다는 게 진리라는 것을 확인했다. 체중계 앞자리 숫자가 바뀌었다. 나는 점점 아가씨 때 몸무게로 진화하고 있었다. 하지만 정작 희정이의 체중계 바늘은 전혀 미동도 하지 않았다. 나만 빠진 게 이상해서 나 몰래 오후에 맛있는 것 먹고 다니냐고 말해 버렸다. 희정이는 점점 짜증이 늘어 갔다. 아침에 헬스장 나가려고 일어나는 시간도 5분, 10분 계속 늦어졌다. 나도 아침마다 깨우는 것에 슬슬 지쳐 갔다.

희정이는 아르바이트도 그만뒀다. 사장의 잔소리가 너무 심하다는 것이 이유였다. 속으로 요즘 멍해 있는 딸아이를 보면 나라도 잔소리칠 것 같다고 생각했다. 희정이는 새로 아르바이트 이력서를 들고 여기저기 면접을 보러 다녔다. 희정이는 자퇴한 후 머리를 노랗게 탈색했었다. 본인이 전부터 해 보고 싶었던 스타일이라며 나에게 의견을 묻길래 마음대로 하라고 했다. 하지만 자퇴한 고등학생이 노란 머리를 하고 아르바이트 면접에 붙기란 쉽지 않은 일이다. 아무리 아이가 명랑하고 싹싹해도 불성실한 비행 청소년으로밖에 보이지 않았을 것이다.

점점 희정이의 자존감이 떨어졌다. 다이어트는 실패하고 면접 본 아르바이트 모두 연락이 오지 않았다. 온라인으로 모집한 댄스팀과 결속하여 주말마다 홍대며 잠실이며 버스킹을 나갔다. 하지만 정작 소속사 오디션은 보지 않았다. 유보해 둔 다이어트가 큰 이유이기도 했고 점점 노래나 댄스 실력의 한계를 직접 확인하는 시점이었다. 원하고 좋아하는 일이지만 아직 잘하기에는 턱없이 부족한 연습량이었다. 급기야 아이는 오전에 영어 회화와 중국어 회화 수업을 하지 않겠다고 했다. 지금 더 중요한 것이 노래와 춤인데 신경이 분산된다고 말했다. 자퇴를 하더라도 다른 아이보다 잘하는 외국어는 꼭 손에서 놓지 않기를 바랐었다. 그래서 외국어 공부는 처음부터 약속한 사항이었다. 또다시 아이와 점점 말다툼이 잦아졌다. 게다가 영하 20도에 가까운 추위에 새벽 헬스는 더 이상 다닐 수가 없었다. 점점 희정이는 의지력을 상실하고 무기력에 빠졌다.

무기력은 '아무 것도 하고 싶지 않다.', '포기했다.', '아무 생각 없다.'와 같이 열정과 동기가 빠진 상태이다. 희정이의 상태는 그냥 한 마디로 무기력한 좀비 같았다. 아이의 눈에서 점점 총기가 사라지고 있었다. 밤새 침대 머리맡에서 노트북의 스크린 불빛이 아이의 낯빛을 검게 만들었다. 다크서클도 내려오고 있었다. 안 될수록 더 기운을 내고 부지런을 떨고 기운 차리라고 야단을 쳤다. 하지만 아이에게서 생기라고는 전혀 찾아볼 수가 없었다. 나는 또다시 조바심이 났다. 어서 일어나라고 채근해 댔다. 더 이상 침대에 붙어 핸드폰만 붙들고 사는 희정이를 잠자코 볼 수가 없었다. 또 속에서 천불이 나고, 좋은 말이 나오지 않았다. 이러다가는 다시 불협화음으로, 큰 갈등으로 해결점이 보이지 않을 것 같았다. 내가 입을 닫고 있는 것이 나을 것 같았다. 그래서 같은 공간에 있지만, 그냥 외면하기로 하고 집에 들어갈 때와 나갈 때만 확인했다. 그냥 다시 돌아오기를 바라며 내버려 두는 것이 내가 할 수 있는 최대한의 배려였다.

어쩌면 무기력은 내면의 최대한의 반항일지도 몰랐다. 숨 막히는 입시 하나의 목적으로만 변질해 버린 것 같은 학교에서 아무도 찬성하지 않았던 탈출을 강행했던 희정이었다. 자신이 원하는 대로, 계획대로 진행될 거라 막연히 생각했을지도 모른다. 처음엔 속박에서 벗어난 자유를 마음껏 누렸을 것이다. 한 단계 한 단계 머릿속 계획대로 진행이 되어야 하는데 정작 자신의 몸무게는 꿈쩍하지 않고 버티고, 연습량으로 늘어갈 것만 같던 보컬 실력도 점점 자신 없어졌을 것이다. 자신이 막무가내로 우겨서 진행한 자퇴이니 누구를 탓할 수 없고 책임도 결국 자신에게로 돌아간다는 사실을 알았을 테다. 짜증나고 힘들고 두렵고 불안한데 자신이 저지른 일이라 무어라 투정 부릴 수도 없다. 그저 감각을 차단하고 생각을 안 하고 숨만 쉬는 좀비가 되어 갔다. 희정이는 당분간 그렇게 마음을 닫아 버렸던 건지도 모른다. 무표정한 얼굴 뒤에는 비명 지르고 절규하는 모습이 갇혀 있는 걸지도 모른다. 그러나 그때의 나는 희정이가 무기력한 원인을 의욕 부족이라고만 생각했다.

　돌이켜 다시 지난 나를 가만히 지켜보니, 아이에게 바쁘게 움직여 활력을 불어넣으려고만 했다. 가만히 앉아서 심드렁하고 우울한 감정을 다독이며 위로해 주지 못했다. 마치 〈인사이드 아웃〉의 내 마음 속 감정 캐릭터 중 기쁨이가 주도하는 것처럼, 슬픔과 좌절을 용납하지 않았다. 기쁘고 밝고 의욕적이고 진취적인 것이 긍정적인 좋은 것이며, 우울하고 슬프고 낙담하고 좌절하고 지쳐 피곤해 활력을 잃은 것은 부정적인 것으로 알고 있었다. 희정이는 지친 것이었다. 영화 속의 슬픔이가 했던 것처럼, 유일한 애장품인 로켓을 잃어버린 빙봉의 마음을 같이 부둥켜안고 눈물을 받아들였으면 어땠을까? 아직 나약하고 무기력하다고 딸을 채근한 나는 그때도 덜 성숙한 엄마였던 것 같다. 아이를 온전히 받아 주지 못하고 또다시 성공 신화를 향한 밑거름이라 여겼던 것 같다. 무엇이 중요한 것인지 아직도 방향을 못 찾은 나는 아이보다 더 무거운 무기력과 두통을 느끼고 있었다.

행복한 기억,
가슴 아픈 기억

○ 반항해도 내 딸

유난히도 추운 겨울밤. 저녁 7시만 되어도 온 세상이 컴컴했다. 밤 9시가 다 되어 갔다. 희정이가 집을 나선 뒤 연락이 되지 않았다. 집에서 좀 멀리 떨어진 곳에 오디션을 보러 간다 했다. 길거리 버스킹도 하고 취미로 댄스와 노래를 하는 동아리 같은 곳이라 했다. 얼마 전 모집 공고를 보고 지원을 했었다. 원서를 내자마자 1차에 붙고 면접 보러 오라 했다며 잔뜩 들떠서 나갔다.

희정이가 선택한 길거리 공연이나 댄스나 노래 오디션 등의 행보에 적극적인 개입은 하지 않았다. 하지만 최소한의 장소 이동이나 귀가 시간은 항상 연락하도록 했다. 세상이 험한지라 약속한 장소에 도

착하면 건물 입구를 사진 찍어 보내라고 했다. 끝나자마자 바로 전화하고 집으로 오라고 했지만, 연락이 없었다. 기다리다가 참지 못하고 문자를 넣었다.

"아직 안 끝났어?"

아무런 소식이 없었다.
'같이 따라갈 걸 그랬나?'
조금씩 초조해지기 시작했다. 시간이 꽤 흘렀다. 전화를 걸었다. 수화기 너머 공허한 벨 소리가 한 번 두 번 울릴 때마다 엄청난 시간의 왜곡이 느껴졌다.

"왜 이렇게 안 받은 거야!"

몇 번 시도 끝에 겨우 전화를 받는 아이에게 버럭 화부터 냈다. 오디션이 끝나고 일행이랑 같이 밥 먹으러 왔다고 했다.
'일행? 다이어트한다고 저녁 6시가 조금만 넘어도 물도 삼키지 않았던 애가 밤 9시가 다 돼서 저녁이라고? 끝나자마자 하라는 전화는 왜 안 하고?'

"어디야?"

오디션 장소와 전혀 다른 곳이었다.

"누구랑 같이 있는데?"

같이 면접 보러 온 지망생들이라고 했다.

요즘같이 험한 세상에 생전 처음 보는 사람들과 늦은 저녁이라
니……. 그것도 미성년인 여자아이가, 살 뺀다고 예민하고 까칠한
아이가, 집에서 걱정할 거란 생각도 없이 저녁 먹으러 갈 수 있다
니……. 저녁 내내 맘 졸인 것도 화가 나고 상황이 어이가 없었다. 세
상을 자기 편할 대로 생각하는 것이 한심했다.

10시가 넘어서 집에 온 아이에게 왜 그렇게 여유 부리며 다니냐며
다그쳤다. 자기가 하고 싶은 일이 있어서 자퇴했으면 열심히 하는 모
습을 보여야 주변에서도 믿지 않겠냐고 질책했다. 늦잠 자고 침대에
만 내내 누워 핸드폰 채팅에 컴퓨터 읽썹거리 다 섭렵하고 불러내는
친구들 다 만나고 다니면 네가 하고 싶은 일이 이뤄지냐고 한바탕 내
리 퍼부었다. 내 말을 듣는 희정이는 짝다리로 삐딱하게 들으며 한 손

으로 후비적대며 귀를 파고 있다. 하마터면 손을 들어 얼굴을 향해 한 대 때릴 뻔했다. 아니 상상으로 이미 몇 차례 때렸다.

'얘가 내 아이 맞나?'

희정이는 항상 밝고 싹싹하고 영리해서 선생님과 다른 친구 엄마들한테도 부러움을 받았다. 아이가 자랑스럽고 눈에 넣어도 하나도 아프지 않았다. 주변 어른들에게도 먼저 다가가 인사를 해서 늘 칭찬받던 아이였다.

'지금 이 아이가……, 예전엔 가슴 벅차게 내게 행복감을 안겨 줬던 그 아이가 맞나?'

정말 믿기지 않았다. 일단 그냥 분노에 찬 내 마음을 애써 접고 아이를 방으로 들어가게 했다. 내 눈에 불이 켜진 것을 누그러뜨리려고 두 눈을 질끈 감았다. 내 방에 들어와 화를 삼켰다.

'환경과 친구가 중요하다던데 아무리 자기가 원하는 꿈이 있고 고집을 피워도 자퇴를 끝까지 말려야 하지 않았을까? 생각이 바른 아이라 어디를 내놔도 잘할 거라고 믿은 내가 잘못 판단한 건가?'

하룻밤에도 오만가지 생각이 다 났다.

다음날, 아침 먹으라고 깨우니 이젠 아예 밥을 안 먹겠다고 했다. 이차로 끓어오르는 속을 꾹 눌러 겨우 다잡고 아무 말 없이 둘째 희수와 막내 희나를 먹여 학교로 보내고 집 밖으로 나왔다.

희정이의 행동이 괘씸해서 오전 내내 씩씩댔다. 화가 안 풀려 집 밖을 나와 길을 걸었다. 새벽에 같이 헬스장에 다니던 길이라는 게 생각났다. 희정이가 영어 회화와 중국어 학원에 늦었다고 서둘러 머리도 미쳐 다 못 말리고 헬스장을 먼저 나가는 뒷모습이 떠올랐다. 오후에는 아르바이트 사장에게 야단맞는 모습이 그려졌다. 원하던 보컬과 댄스학원으로 뛰어가며 정말 바쁘게 자신만의 스케줄을 만들었던 희정이가 눈앞에 보이는 듯했다. 막상 원하는 소속사 오디션을 보려니 길거리 커다란 쇼윈도 앞에 비친 자신의 모습이 초라하게 느껴졌나 보다. 큰소리 내며 일을 저질렀는데 생각만큼 잘 안 되니 소심해지고 힘이 많이 빠졌을 것이다. 시간이 흐르고 날씨가 너무 추워져 새벽 헬스도 나가지 못했다. 아르바이트도 새로 구한다고 다시 쓴 이력서를 들고 이리저리 다녔지만 면접에서 모두 채였다. 중국어 시험은 원하는 만큼 점수가 좋지 못해 이불 속에서 심드렁하게 있었다.

문득 내가 아이를 미워하고 꼴도 보기 싫어했다는 사실을 깨달았다. 엄마가 돼서 마음 하나 다독이고 따뜻한 위로로 감싸주며 든든한 벽이 되기는커녕 오히려 날이 서서 멍든 가슴을 더 아프게 채찍질했다. 한 발짝 뒤로 물러서서 생각하니 아이의 행동을 못된 것으로만 해석한 내가 더 미련하고 어리석어 보였다. 남들 눈에 자랑스럽고 잘나갈 때만 내 아이인가? 힘들어하고 지쳐 갈 때 다그치기만 하고, 정신

못 차리는 아이가 남들 보기 민망스러워 미워했나? 내가 정말 엄마가 맞나? 이런 생각이 들자 갑자기 죄책감이 몰려들었다.

그날 저녁 딸아이 방에 들어갔다. 여전히 침대에 누워 들어가도 고개 들어 보지도 않고 노트북 화면만 보고 있었다.

"바빠?"

톤이 한결 부드러워진 내가 침대 맡에 앉아 물었다.

"아니."

아이도 무덤덤하지만 답해 줬다.

"엄마가 큰소리 내서 미안했어. 엄마도 화를 안 내려 맘먹는데 그게 잘 안되네. 앞으로 더 잘 참으려 노력할게. 엄마가 늦게 보는 오디션이 걱정되어서 그랬어. 무서운 세상이잖아. 걱정했는데 뜬금없이 모르는 사람들이랑 저녁 먹으러 간다고 한 상황이 이해가 안 됐어. 아직 사회에서 만난 사람들을 학교에서 만난 사람들처럼 그냥 쉽게 믿는 게 어쩌면 당연한 건데. 같이 먹으러 가자고 하면 아직 거절하는 법을 몰라서 상황이 그렇게 되었을 건데. 너를 이해하지 못하고 바로 화만 냈네. 그래도 굳이 마음이 내키지 않으면 가지 않겠다고 말할 용기도 필요해. 지금 하나하나 배우니까 괜찮아. 상황을 네가 잘 컨트롤할 수 있게 내공을 키운 뒤에. 엄마도 네가 잘 되기를 바라는 마음에 빨리 일어나 달리라고 너무 말을 막 했나 봐. 미안해. 엄마 마음을 표현하는 법이 아주 서툴러서."

희정이는 폭풍 눈물을 흘렸다. 죄송하다는 말과 함께. 나도 같이 눈물이 나서 안아 주었다.

"우리 싸우지 말자. 엄만 우리 딸과 싸우는 거 정말 싫어."

엄마는 '세상의 전부'라고 믿고 따라 주는 아이가 있어서 그 어떤 두려움도 무섭지가 않다. 환하게 웃으며 "엄마~" 하고 부르며 달려오는 아이의 모습이 가슴 벅차다. 나를 행복한 엄마로 만들어 준 그 무엇과도 바꿀 수 없는 아이다. 이런 내 아이에게 무엇을 주어도 아깝지 않다. 아이가 세상을 향해 제대로 뻗어 나갈 수 있도록 든든한 땅이 되고 거름이 되고 싶다. 엄마의 잣대로 정해진 행복의 길을 가지 않는 아이는 위태위태해 보인다. 불안하고 안타까운 마음에 엄마는 또 아이의 행동에 제약을 가하고 아이는 그런 엄마의 행동을 뿌리친다. 서로의 가슴에 생채기가 생기고 멍이 든다. 자녀에게서 난 상처가 그 어떤 것보다도 아프고 절망스럽다. 행복했던 기억, 가슴 아팠던 기억이 엄마에겐 아이에게서 시작되고 아이에게서 끝을 맺게 된다.

엄마라는 이름으로 아이를 키우는 프로젝트를 진행한다. 경험이 없기에 실수투성이다. 아이와 함께 가슴앓이를 겪는다. 서툴러도 시행착오를 겪어도 포기할 수는 없다. 순간순간의 고통은 비교할 수 없을 정도의 사랑으로 보상받는다. 단념할 수는 없는 게 모성애이고 인류애이다. 엄마는 아이와 함께 다듬어지며 성장한다. 엄마의 프로젝트는 계속 진행 중이다.

보편적이고 위대한
탄생 스토리

○ 위대한 엄마의 탄생

대한민국 남자 셋이 모이면 하는 이야기가 있다. 축구 이야기이다. 지난밤에 한일전이 펼쳐졌었다면 전후반·연장전을 다 합친 시간보다 더 긴 시간을 할애해 입에 침이 마르도록 이야기한다. 축구 하나면 술안주도 충분하다. 경기 플레이에 대한 분석이 전문가 뺨친다. 골인 장면 이야기는 도입 어시스트부터 골인 후 세리머니까지 몇 번을 반복한다. 간혹 화장실이라도 갔다가 놓친 결정적인 장면은 커다란 무용담처럼 과장되어 있다. 각 선수들의 포지션의 행동거지가 중요한 순간 어느 운이 나쁜 선수 하나가 헛발질을 했다면 두고두고 천하에 몹쓸 놈으로 낙인찍히는 것은 당연한 결과이다.

한차례 뽑아 먹을 축구 이야기가 다 끝났다면 군대 이야기로 넘어간다. 누가 가장 힘들게 군 생활을 했는지 경쟁적으로 다투어 이야기한다. 가장 추운 날을 군대에서 보낸 이야기에 서로 살벌한 추위 자랑은 이미 무협 영화 저리 간다. 혈기 왕성한 젊은 청년들을 한군데에 모아 놓았으니 그동안 살아왔던 생활 방식이나 성격 또한 각양각색이다. 나이나 신분 차이 없이 들어온 순서로 계급을 정해 놓았다. 좋든 싫든 2년 넘는 시간을 동고동락하는데 어찌 할 이야기가 많지 않겠는가. 살면서 힘들었던 인간관계, 불합리하고 억울한 일들을 미리 빡세게 경험하고 나온 터라 그들만의 끈끈한 유대가 생성된다. 남자들은 군대 이야기로 밤새 꽃을 피우다가 다 소진되면 군대에서 축구한 이야기로 넘어간다.

대한민국 주부들 셋이 모이면 하는 이야기가 있다. 바로 아이들 이야기이다. 간혹 남편이나 시댁 이야기를 하지만 좀처럼 칭찬이 나올수는 없다. 만약 남편이나 시댁 이야기에,

"남편이 이번 명절날 수고했다고 반지 하나 거하게 사 줬네."

하고 커다란 알반지를 끼고 나온다거나

"우리 시댁에서 이번 결혼기념일에 쉬고 오라고 호텔 1박 상품
권을 줬어."

하며 아이들까지 다 맡아 준다는 환상적인 이야기를 하면 부러움
과 동시에 그 집 남편이 의심의 도마 위에 오른다. 뭐가 딱히 없더라
도 그냥 질투의 화신이니 괜한 시기와 의심거리를 만드는데, 굳이 애
써 좋은 이야기를 할 필요가 없다. 그저 속 시원히 남편 욕, 시댁 허물
이야기를 하면 된다. 진짜 큰 험담이 되는 이야기는 아예 꺼내지도 않
는다. 누구나 공감하고 용인이 되는 범위의 뒷담화이다. 스트레스를
말로 풀어 버리고 가정에 가서는 미안한 마음에 더 잘하게 되는 것이
사람의 마음이다.

주부들의 이야기로는 아이들 이야기가 가장 보편적이고 부담이 없
다. 그 집 애가 공부를 잘하면 비법을 물어보면 되고 말썽으로 속을 썩
이면 같이 해결 방법을 조언해 준다. 아이들 키우는 이야기는 아직 엄
마들의 독박 육아가 많아서 할 이야기도 산더미다. 아이 학교생활, 아
이 친구들, 아이의 담임선생님까지 모든 것이 이야기의 주제가 된다.

좀처럼 끝나지 않는 육아 이야기가 그래도 끝이 났다면 출산 이야
기로 들어간다. 남자들이 군대 이야기를 경쟁하는 것처럼 누가 가장

힘들게 아이를 낳았는지 경쟁을 다투어 이야기한다. 처음 임신해서 입덧을 하면 물만 먹어도 죄다 토해서 몸무게가 임신 전보다 3~4kg 은 우습게 빠진다. 며칠을 냄새만으로도 구역물이 위장으로 치솟아 변기를 붙잡고 진을 빼기 일쑤다. 먹은 기억이 거의 없어 팔다리도 휘청거리는데 무관심한 남편의 태교에 괜히 스트레스 받는다. 몸의 변화와 더불어 호르몬 변화로 인해 상당히 예민한 상태이다. 첫아이 출산 때의 진통을 인류의 어느 고통과 비교할 수 있을까? 어떤 이는 쌍둥이 출산으로 뼈가 부러지고 살이 찢어져도 아기에게 혹시 모를 좋지 않은 영향이 갈까 진통제조차 맞지 않고 견디는 초인의 힘을 발휘하기도 한다.

엄마는 그냥 만들어지지 않는다. 생명을 잉태하는 순간부터 끊임없이 내 안의 작은 존재를 확인받는다. 내 심장이 뛸 때 희미하게 같이 박동하는 아기의 심장을 느낀다. 손목을 잡고 맥을 짚지 않아도 호흡을 하면서 교감으로 관계가 형성된다. 태동을 느끼는 순간 생명의 신비함에 감격한다. 이것을 단순히 유대감이라고 하기엔 표현이 너무 가볍다.

나의 첫아이 출산 진통은 13시간이 넘었다. 이전의 출산 기미와 가벼운 자궁수축의 고통은 제외하고 오로지 고통으로 몸부림친 시간이다. 첫아이라 오래 진통을 끌었던 것도 사실이다. 산모 수첩을 만들며 매달 정기검진을 받았던 노련한 개인 산부인과 원장이 다른 곳에 갔다. 그곳에 근무하던 젊은 의사가 후임 원장이 되었다. 처음 아이를 낳는 일이라 초보 병원장이란 것에 크게 신경 쓰지 않았다. 병원장으로서 초보일 뿐이고 출산을 맡아본 경험은 많을 것으로 생각했다. 늦은 11시쯤 진통이 오기 시작하자 미리 쌓아 둔 출산 품목을 들고 남편과 같이 병원에 갔다.

새벽 4시부터 본격적인 진통이 시작됐다. 자궁이 열리고 있다고 간호사가 말해 주었다. 입원실에서 6시쯤 있다가 분만 대기실로 갔다. 조금 있으니 친정 엄마가 오셨다. 눈물이 왈칵 쏟아졌다. 여자는 엄마가 되었을 때 다시 한번 철이 든다. 아이도 나중에 이런 마음을 이해하겠지. 주기적인 진통이 배 속을 꼬이고 죄어들었다. 이를 악물고 참았지만 흐르는 눈물을 주체할 수 없었다. 일단 배가 아프면 아이도 서서히 산도를 향해 머리를 돌리고 나올 준비를 한다. 시간을 두고 골반이 열리고 뼈가 벌어지는 것은 상상을 초월한 고통이었다. 내 안에서 내장과 각 신체 기관이 재배치되는 작업이다. 아이와 창자들의 자리바꿈이 진행되는 동안 고통으로 인해 숨이 쉬어지지 않았다. 그저 엄청난 놀라운 고통에 모든 것이 경직되고 호흡이 제대로 이뤄지지 않았다. 지금이야 라마즈 호흡법을 아이 아빠와 같이 배우는 산모 교실이 흔하다지만 갓 직장을 그만둔 나의 첫 출산은 그야말로 아무것도 모르고 내디딘 고행길이었다.

세 시간이 흘러서 9시가 되었을 땐 뭐라도 잡고 싶었다. 너무 아파서 힘을 주고 벽을 손으로 밀며 비명 아닌 비명을 질렀다. 침대 시트는 땀으로 이미 축축하게 젖었다. 왈칵하고 밑에서 물을 쏟았다. 양수가 터졌다. 이제 분만실에 들어갈 정도로 자궁이 많이 열렸다. 조금만 있으면 아이와 만날 것이란 생각이 들었다.

분만실엔 분만용 그네 침대가 있고 풍선이 하늘에 매달려 아이의 탄생을 축하할 만반의 준비를 하고 있었다. 신입 초보 원장의 배려였다. 어색한 자세로 분만용 그네 침대에 앉았다. 힘을 주고 또 주고 어릴 적 젖 먹던 힘까지 주고 또 주고, 이를 악물고 힘껏 다시 한번 더 힘껏……. 숨이 턱까지 오르고 도저히 호흡을 이어갈 수가 없었다. 이루 다하지 못하게 심한 고통에 몸부림치며 다시 한번 힘을 주고 또 주면서 아이가 나오길 바랐지만, 머리만 보이고 나오지 않는다고 했다. 골반에 걸렸고 아이의 얼굴이 뒷쪽이 아니라 앞쪽을 향해 있다고 했다. 산도를 통해 나올 때 얼굴 방향이 뒤로 되어야 목을 뒤로 젖혀져 빠져나오는데 앞쪽으로 얼굴이 향해 있으니 빠져나오기 힘들다고 했다.

아이의 머리가 걸린 상태에서 장장 2시간을 힘을 주고 또 주며 진땀을 뺐지만, 도저히 출산을 진행할 수가 없었다. 힘이 빠져 더 이상

털 하나 까딱할 수 없었다. 하도 힘을 주어 얼굴과 목 어깨선까지 실 핏줄이 다 터졌다. 눈동자의 흰자위에도 빨간 실핏줄이 역력하게 비 쳤다. 밑은 헐어서 붓기가 장난이 아니었다. 둘째와 셋째를 낳을 때도 실핏줄 터진 것은 여전했지만 능숙하고 경험 많은 의사들은 배를 밀 거나 밑을 잡고 아이가 쉽게 나오도록 도와주었다. 아이의 머리 방향 이 반대로 되었다면 손으로 돌려 빼내었다. 첫아이를 낳는 나도, 병원 을 처음 개원한 초보 병원장 의사도 감당하기 어려운 난산임이 분명 했다.

의사는 더 이상 있다가는 산모와 아이가 위험하다고 판단했다. 결 국 수술하기로 했다. 12시간 이상을 진통했지만, 수술해야 하는 상 황에 선택의 여지는 없었다. 아이가 빨리 건강하게 나와 주기만 빌고 또 빌었다. 이렇게 고생하는 것이 그동안 나쁜 일을 많이 해서인가 하 는 생각이 들었다. 마음이 무거웠다. 분만실과 수술실은 복도로 연결 되어 있었다. 통로가 좁아서 휠체어나 침대칸이 지나가기 비좁았으 나 겨우 몇 발짝만 움직이면 되는 거리였다. 양손을 부축받으며 수술 실로 한 발 한 발 옮겨가는데 병원 시계의 초침까지 들리는 듯 더디게 갔다.

수술실은 분만실과 사뭇 달랐다. 차갑고 삭막했다. 큰 수술대 위에 커다란 조명과 차가운 금속의 느낌이 사람 마음을 위축되게 만들었다. 분만실에서는 남편도 친정엄마도 지켜봐 주었는데 수술실은 혼자 들어갔다. 겁이 났다. 수술대 위에서도 아이의 움직임은 여전했다.

내가 힘든 만큼 배 속 아이도 힘들었으리라 생각됐다. 수술대 위에서 진통은 계속 왔다. 진통이 올 때마다 같이 아이와 호흡한다는 마음으로 힘을 주었다. 의사는 모든 수술 준비를 마치고 마취를 하려다가 상황을 다시 확인했다. 마지막으로 힘을 줘보라고 했다. 아이가 신호를 주었다. 정말 있는 힘껏 마지막이라 생각하면서 힘을 주었다. 하나, 둘, 셋!

계속 힘을, 분만실에서부터 거의 세 시간이나 힘을 줬다. 눈도 풀리고 머리도 무겁고 머릿속도 희미해졌었다. 마지막 들이마신 호흡을 멈추고 힘을 준 한순간에 뿌연 안개가 확 걷혔다. 공기가 몸속으로 들어오며 개운한 기분이 온몸을 훑고 지나갔다. 드디어, 드디어 나의 아이가 태어났다.

하염없이 눈물이 흘렀다. 아이가 여린 목소리로 '아~앙' 하며 울었다. 탯줄을 자른 후 아이의 얼굴을 처음으로 보았다. 빨갛게 상기된 조그마한 아이가 한쪽 눈을 반짝 뜨고 엄마를 보고 있었다. 거의 세 시간여의 긴 사투 끝에 아이도 콘 헤드가 되어 나왔다. 얼마나 고생했는지 머리가 새빨갛게 부풀어 올랐다. 울음 끝에 웃음이 터져 나왔다. 손가락과 발가락이 너무 작고 귀여웠다. 남편과 친정엄마는 시꺼멓게 뒤덮은 아이의 머리숱에 놀랐다. 나는 두 팔로 품에 아이를 안으며 계속 감사하다고 중얼거렸다.

"태어나줘서 고마워."

줄탁동시란 말이 있다. 닭이 알을 까면 알 속의 병아리가 껍질을 깨뜨리고 나온다. 껍질 안에서 쪼는 것을 줄이라 하고 어미 닭이 밖에서 쪼아 깨뜨리는 것을 탁이라 한다. 어미가 밖에서 껍질을 깨는 것은 알 속에서 병아리가 깨뜨리고 나오는 힘보다 강할 것이다. 힘의 총량은 어미의 힘이 세겠지만, 비율적으로 보면 알 속의 병아리는 자신의 온 에너지를 쏟아부으며 바깥세상을 향해 도전한다. 생의 첫 열정과 온 힘으로 태어나는 것이다.

태아가 따뜻한 엄마의 양수 속에서 유영하다가 세상 밖으로 떠밀려 나올 때, 아이는 또 얼마나 자신의 온 에너지를 집중하여 나오려 했을까? 엄마와 아이는 탯줄로 하나의 연결고리를 의지하는 동안 얼마나 많은 정서적 교류와 감정을 나누었을까? 세상의 빛을 본 날, 엄마와 아이는 교감하며 첫 공동 작업을 진행한다. 엄마의 출산이며 아이의 탄생이다. 아이가 태어났다는 것은 곧 엄마로 다시 태어나며 인생을 시작하는 것이다.

CHAPTER 3

엄마들의
시스템 교육

↓ 영재 성장기 ↓

서열 극복을 위한
영어 유치원

○ 영어 교육

나는 젊음이요, 나는 기쁨이요,

나는 알에서 갓 깬 작은 새다.

－ 제임스 M. 배리, 〈피터 팬〉 중에서

　한동안 〈스타킹〉이라는 TV 프로에서 예술적 감각이 타고난 천재성을 가진 사람들이 종종 나왔다. 국적을 불문하고 출연한 엄청난 능력의 소유자들이 아이들이면 더 놀랍다. 그런 천재는 하늘로부터 타고난 사람이다. 즉, 천재란 훈련을 받지 않은 뛰어난 재주 또는 그 재주를 가진 사람을 말한다. 노력한다고 되는 것이 아닌, 신기에 가까운 재능이나 능력을 말한다. 천재는 그 누구와 비교될 수 없는 존재로, 되고 싶다고 될 수 있는 것이 아니다. 노력으로 만들어지는 것도 아니다. 그냥 타고난 것이다.

그에 반해 영재는 다른 사람보다 탁월한 재능을 가진 사람을 말한다. 천재보다 그 수가 많을 것이다. 영재는 다른 사람과 비교해 볼 때 훨씬 재주가 있어 보이는 사람이다. 그리고 천재와 달리 영재는 교육으로 길러지기도 한다. 그래서 많은 부모가 자신의 아이들을 영재로 키우기를 원한다. 아이의 주변 환경을 만들어 주면 평범한 아이도 비범해질 것이라 믿기 때문이다.

수재 역시 재주가 뛰어난 사람을 말한다. 주로 학문 연마에 힘써 그 능력을 인정받은 사람에게 많이 쓰인다. 예전에는 시험공부를 열심히 하여 시험에 합격한 사람이라는 뜻으로도 썼다. 요즘도 공부 열심히 해서 좋은 성적을 내는 학생들에게 아낌없이 붙여 주는 찬사이기도 하다.

희정이는 세 살에 한글을 떼고 자기보다 한 살 위인 아이들과 함께 유치원을 다녔다. 운동도, 학습도 빠르게 습득하였다. 영재성을 키우려는 목적이나 아이를 학습적으로 뛰어나게 만들 목적은 아니었다. 둘째를 임신했던 터라 같이 활동적으로 놀아 주지 못한 미안함에 유치원을 보냈던 것이다. 아이는 더 큰 사회적 자극에 모든 것을 마냥 즐거워했다. 아이를 바라보고 있으면서 하나를 일러 주면 열을 안다는 말의 의미를 알았다. 새로운 것을 배우기를 즐기는 아이였고, 가르치는 사람으로서는 스펀지처럼 빨리 흡수하는 아이가 기특하기만 했다. 아이가 천재건, 영재건, 수재이건 그건 중요하지 않았다. 아이가 그 환경을 기뻐하고 즐긴다는 것이 중요한 것이다. 나의 희정이는 그냥 평범했다.

4살부터 한 살 위인 아이들과 유치원을 함께 다녔던 희정이는 다음 해 이사한 곳에서도 나이는 다섯 살이지만 6살 반으로 진급하여 다녔다. 새로운 유치원 원장님도 흔쾌히 받아 주었다. 그런데 아이가 점점 말이 많아지고 친구와의 관계가 넓어지니 문제가 생겼다. 희정이가 유치원에서 울면서 온 것이다. 같은 반 6살 친구들이 희정이의 나이를 들먹이며 동생이라고 놀렸다고 한다.

"그냥 6살이라고 해."

희정이에게 말로 얼버무렸지만, 어린아이에게 거짓말을 가르치는 것에 마음이 안 좋았다.

우리 사회에는 나이와 관련해 지독한 서열 문화가 있다. 유치원 아이들도 같은 반 친구에게 나이가 한 살 어리다고 형이나 언니 호칭을 요구한다. 이런 호칭은 한 번 맺으면 다시 번복하기가 상당히 힘들다. 그 상하 관계는 죽을 때까지 영원히 지속된다. 우리는 나이가 같으면 처음 만난 사이라도 당장 말을 튼 뒤 친구라 부른다. 같은 학교를 졸업하면 역시 친구라 한다. 그런 문화권에서 우리는 성장했다. 반면에 나이가 다르면 친구라 하기 힘들다. 10년의 간극을 뛰어넘는 친구 관계도 있다지만 일단 호칭은 형, 아우이다.

외국에 살면 나이 같은 것은 전혀 문제가 되지 않을 텐데. 한국 사회의 유교적인 나이 서열이 약간 불편하게 느껴졌다. 어딜 가나 새로운 인간관계를 맺을 때 먼저 나이를 묻는다. 바로 호칭이 정리되고 연장자 우선의 이야기가 진행된다. 물론 직장은 나이보다는 직급이 우선일 테고 개인의 성격으로 차이가 날 수도 있다. 하지만 대부분은 연장자가 모임을 이끌고 모임의 한턱도 내게 되어 있다. 물론 요즘에는 문화가 많이 바뀌었다. 나이가 적다고 해서 윗사람의 말을 무조건 수용하지 않는다. 굳이 나이가 많은 사람들의 꼰대 같은 경험담을 들어주는 인내심이 큰 이들도 없다. 세대가 급속도로 바뀌어 경험으로 살아가기보다 새로운 정보를 먼저 얻는 것이 기득권이 되는 세상이 되었으니 말이다.

하지만 10년 전만 해도 지금 같이 나이를 무시하기가 쉽지 않았다. 아이들에게도 역시 한 살 적은 아이가 같은 반 친구로 불리는 것이 매우 불편한 상황이었다. 희정이에게 이런 복잡한 것들을 설명할 수가 없었다. 애당초 같은 나이 또래와 출발하지 않았던 것이 문제였다. 그렇다고 지금 충분히 잘 적응하는데 다시 유치원을 한 해 밑으로 보내기도 뭐했다. 무엇보다 아이가 싫증 낼 것이 분명했다.

둘째 희수를 품에 안고 재우면서 희정이에게 책을 읽어 주고 있었다. 좀 색다르게 영어 동화책을 읽어 주었다. 토끼와 거북이 이야기였다.

"래빗 이즈 합핑."

내가 읽었다.

"희정이도 엄마랑 같이 읽자. 래빗 이즈 합핑."
"롸비츠 홉핑!"

순간 희수에게 젖병을 물리고 느슨하게 벽에 기대었던 나는 벌떡 일어났다.

엄마, 나 고등학교
자퇴할래요

"응? 다시 한번 읽어 봐."

"롸비츠 홉핑."

아…… 나는 희정이에게 영화 동화책의 테이프를 틀어 주고 먼저 들으라고 했었다. 그러면서 설거지며 희수의 분유를 타는 시간을 벌었다. 먼저 원어민의 챈트와 음성을 들었던 희정이는 나의 콩글리시가 아닌 원어민 발음을 익혔던 것이다. 단어 하나하나 분절한 나의 발음이 아니라 한 문장을 한 호흡으로 자연스럽게 읽어 가는 희정이의 영어 발음이 충격이었다. 아니, 과장하자면 순간 너무 경이로웠다. 내가 읽어 주다가는 이 완벽하고 매력적인 영어 발음을 망칠 것 같았다.

'그래, 영어책 읽어 주는 것은 멈추고 테이프나 비디오를 자주 보여 주자.'

10년이면 강산도 변한다고 했던가? 요즘은 인터넷이나 스마트폰이나 영어 동영상 자료, 책에 터치펜으로 갖다 대면 바로 읽어 주는 유아 영어책이 많이 있다. 하지만 10년 전만 해도 가장 효율적인 것은 유아 비디오였다. 지금은 정말 비디오는커녕 DVD도 사라진 지 오래다.

TV에서 AFKN 채널을 찾았다. 케이블방송에 유아 대상 영어 프로는 알파벳과 단어 몇 개 정도 알려 주는 것밖에 없었다. 〈세서미 스트리트〉와 〈블루 클루〉, 〈도라도라〉의 방영 시간을 찾고 비디오 녹화를 하기 시작했다. 그리고 희정이가 유치원에 다녀오면 같이 앉아서 영어로 노래도 부르고, 탐정이 되어 물건도 찾고, 도라에게 길도 가르쳐 주었다. 희정이도 엄마와 같이하는 시간을 좋아했다.

어느 날 아파트 베란다에서 빨래를 널다가 단지 안으로 빨간색 봉고차가 들어오는 것을 보았다. 별생각 없이 보았는데 건너편 단지에서 유치원 교복(유치원 단복이 아닌 교복이 더 어울린다)을 입은 어린아이가 봉고차에 탔다. 단지를 빠져나가는 것까지 물끄러미 바라보았다. 앗! 영어 유치원 봉고차였다. 영어 유치원이면 희정이가 지금 유치원에서 반 아이들에게 받는 미묘한 나이 차별을 받지 않을 것이다. 또 희정이의 멋진 영어 발음을 더 향상시켜 줄 것 같았다. 아파트 단지까지 차가 들어오니 통원하는 것도 문제가 없을 듯했다. 전화로 예약 후 직접 가서 상담해 보니 각 반에는 원어민 선생님이 담임선생님으로 계셨고, 다양한 체험 부스와 수업의 액티비티가 있어서 마음에 들었다. 원장 선생님의 교육관도 마음에 들었다. 일반 유치원보다 비쌌지만, 수도권 외곽이라 미리 알고 간 수업료보다는 상당히 적은 금액이었다. 이 정도면 모든 조건이 합리적이었다. 남편과 상의한 후 곧 아이를 영어 유치원으로 옮겼다.

몇 달 후 영어 유치원에서 공개 수업이 있었다. 희정이는 영어 유치원을 3월 시작부터 다닌 것이 아니라 한참 지난 뒤에 입학한 상태여서 다른 친구들에 비해 많이 떨어질까 걱정이 되었다. 게다가 영어 유치원 학부모들이 모이니 신경도 괜시리 쓰였다. 둘째 희수를 낳고 아직 몸의 부기가 덜 빠진 것도 신경이 쓰였다. 무엇보다 경력단절의 평범한 주부인 내 모습이 희정이의 눈에 다른 학부모들과 비교해서 너무 퍼져버린 엄마의 모습으로 비춰질까 염려가 되었다. 평소보다 신경을 엄청 쓴 외출 차림이었지만 최대한 안 꾸민 듯 꾸미고 나갔다. 영어 유치원 주차장부터 차들이 요란했다. 그 변두리 도시에서도 고급 외제차가 즐비했다. 공개 수업을 하는 장소 뒷줄에 서서 수업을 보았다. 옆에 명품으로 휘감고 온 엄마들에게 나도 모르게 주눅이 들어 있었다.

희정이는 엄마를 보자 얼굴에 큰 미소를 보여 주었다. 단숨에 엄마의 긴장감을 해소해 주는 저 여유 있는 미소. 나도 두 손을 흔들며 화답했다. 외국인 담임선생님이 들어오고 정면에 스크린이 켜지고 교실의 불이 꺼졌다. 화면에 개구리 일러스트가 그려진 동화책이 나타났다.

단순한 영어 문장이었는데 한 번 읽고 단어가 지워지면 지워진 단어와 상관없이 아이들이 문장을 큰소리로 읽었다. 희정이는 다른 아이들과 같이 잘 읽었다. 시간이 조금 흐르자 아이들의 집중력이 흐트

러졌다. 하지만 희정이는 끝까지 원어민 선생님을 쳐다보며 영어 문장을 완벽하게 읽었다. 분위기를 바꿔 보려고 원어민 선생님이 그림에 있는 몇 가지를 영어로 아이들에게 물어봤다. 개구리 모자가 무슨 색깔이냐? 지금 개구리가 어디를 가냐? 기분이 어떨 것 같냐? 8명쯤 되는 반 아이 중에 가장 씩씩하게 모든 것을 영어로 척척 대답하는 아이는 희정이었다.

'잘 적응했구나. 그동안 비디오 녹화하고 보여주던 것이 헛수고는 아니었어.' 하고 내심 뿌듯했다.

수업이 끝나고 원장선생님과 간담회가 있기 전 잠깐 쉬는 타이밍에 옆에 있던 도도할 것 같은 늘씬한 엄마들이 나에게 와서 물었다.

"어느 나라에서 살다 오셨어요?"

일 년이 넘게 서울 외곽 도시에서 희정이는 영어 유치원을 즐겁게 다녔다. 그 뒤 남편의 직장을 따라 이사하게 되었다. 강남으로 이사 온 나는 두 아이를 가진 평범한 엄마였다. 희정이는 유치원을 졸업했지만, 아직 일곱 살이었다. 초등학교를 한 해 일찍 보내서 또 나이 때문에 마음고생하고 싶지 않았다. 일 년을 집에서 홈스쿨링 하기로 했다. 영어 유치원에서 제2외국어로 중국어도 가르쳤었다. 희정이는 영어와 중국어 학습지를 시작했다. 엄마랑만 있다가 선생님이 오시면 그렇게 반가워하는 희정이에게 좋은 선택이라 생각했다. 좀 더 주기적으로 가는 곳이 필요했다. 희정이는 혼자서 지내기보다 친구들과 같이 어울려 공부하기를 더 좋아했다. 그렇다고 졸업한 영어 유치원을 다시 보내기엔 비용이 상당했다. 만약 처음부터 강남에 살았더라면 영어 유치원은 생각지도 못했을 것이다. 뭔 유치원비가 해외 유학 보내는 비용과 맞먹는지 이해가 되지 않았지만 사실이었다.

처음 수도권에서 서울로 입성하는 것도 내심 중앙으로 가는 것 같아 좋았었다. 더구나 강남이라니, 대한민국 교육의 메카 아니던가. 말도 많고 탈도 많지만, 어쨌든 싸이의 〈강남스타일〉로 세계인들도 아는 그 부자 동네 강남으로 이사를 했다. 설레고 부푼 가슴을 안고 왔지만, 집값이 비싸도 정말 비쌌다. 수원에서도 나름 30평대 아파트에 넉넉하니 살았는데 강남에서는 확 줄어든 규모의 빌라로 이사를 했다. 둘째 희수는 바로 집 앞 어린이집에 보냈다. 희정이를 보낼 만한 곳이 필요했다. 정보를 찾다가 근처에 영재 테스트를 받고 성적이 좋은 친구들이 다니는, 사고력 수업을 하는 곳을 찾았다. 바로 영재 교육원이었다. 심지어 다른 지방에서도 올라오는 친구들도 많았다.

대한민국의 교육열은 거의 세계 최고이다. 전쟁과 가난으로 사회기

반시설이 거의 없던 시절 맨땅에서 땅을 일군 부모들은 자식만큼은 힘든 노동으로 끼니를 때우게 하고 싶지 않았다. 노동으로 흘린 땀의 대가보다 머릿속에 들어 있는 지식으로 깨끗하게 벌어먹게 하고 싶었다. 그런 부모들의 희생으로 열심히 공부한 이들이 사회 전반에 걸쳐 산업체를 만들고 무역을 하고 나라의 경제 성장을 도왔다. 가방끈이 길고 공부 잘하는 박사들이 사회적으로 한자리를 차지하고 부도 축적했다.

나의 부모님의 고향은 두 분 다 이북 실향민이시다. 어렸을 때 한국전쟁을 겪으셨다. 집안의 세간살이를 모두 버리고 피난을 내려와야 했다. 나의 아버지는 큰형님을 따라 피난을 내려와야 했다. 아버지보다 어린 동생들은 피난을 갈 수도 없을 만큼 어렸고, 부모님은 고향에서 동생들과 집을 지키셨다고 했다. 나의 엄마는 할머니를 어려서 여의고 단출하게 아버지를 따라 삼 남매가 피난을 가야 했다. 어려운 경제 상황이었고 학교를 다닐 형편도 못 되었다. 두 분은 늦은 나이에 결혼하여 자식을 낳고 공부시켰다. 부모님은 본인들이 못 배우신 한을 갖고 계셨고, 나와 내 동생이 교육받는 데 아낌없이 투자해 주셨다. 정작 당신들이 누리실 모든 편안함을 접은 채 안 입고 안 먹고 안 쓰면서도 자녀에게는 좋은 것만 해 주셨다.

나도 부모님이 그러셨던 것처럼 아이가 공부 잘하는 똑똑한 아이로 성장하는 것 같아 기분이 좋았다. 아니 그 이상으로, 아이가 하나만 알려줘도 너무 잘 소화하니까 내가 어떻게 아이에게 도움이 될 수 있을지 고민했다. 아이가 정말 훌륭하게 잘 자라려면 부모의 역할이 크므로 내가 준비해야 할 것이 무엇일지 고민하기 시작했다. 나도 내 부모와 같이 나의 모든 시간을 할애해서 아이를 위해 도움이 될 만한 유아 전문 서적을 읽어 갔다. 자녀 교육서를 섭렵하고 정보들을 모으기 시작했다.

희정이의 영어 실력을 키우기 위해 대치동에 영어로 독서하는 곳에 보냈다. 아직 일곱 살이니 문법이나 다른 문제풀이보다 영어책을 많이 읽히는 것이 좋겠다고 나름 판단했다. 정해진 교재로 수업하는 것 말고도 학원 영어 도서관에서 단계에 맞는 영어책들을 대여해 주었다. 영어책값이 비싸기도 했고 조금이라도 아껴 보려고 대여한 책을 모두 그림책으로 만들어 줬다. 복사할 수도 있지만, 매번 한 권씩 복사하기도 그래서 그냥 밤새워서 문장을 쓰고 그림책에 나오는 그림을 그려줬다. 나도 그림 그리는 것을 좋아하니 나쁘지 않은 작업이었다. 엄마의 정성을 봐서라도 한 글자라도 더 읽는 아이가 되길 바랐다. 희정이는 근처 초등학교에 배정되었다. 희정이는 영어와 중국어 프리 토킹이 가능한 초등학생으로 입학하였다.

그린 맘이 활보하는
학교 모임

○ 학부모 모임

희정이는 일 년을 엄마와 홈스쿨링을 했다. 얼마나 친구나 다른 사람과의 소통이 그리웠을까. 담임선생님이 계시고 친구들이 있고 자신의 책상이 놓인 교실이 있다. 희정이는 그런 학교를 신나게 다녔다. 선생님의 말씀 한마디도 빼먹지 않고 듣고 와서 엄마에게 그날 배운 이야기를 떠들어 댔다. 친구들과도 남자 친구, 여자 친구 할 것 없이 두루두루 친했다. 담임선생님은 다음 해 정년을 앞둔 나이 지긋하신 여선생님이셨다. 입학 후 몇 주가 지나서 깐깐하기로 소문난 담임선생님과 학부모 개별 상담 시간이 왔다. 아이들의 수업 태도와 학습 준비물 소홀 등을 지적받는 등 먼저 다녀온 몇몇 학부모에게서 어려운 상담 자리라고 들었다. 나도 긴장하며 생애 첫 학부모 상담을 했다. 의외로 담임선생님은 나를 반갑게 맞아 주셨다. 학기 초 긴장한 한 학생이 교실 바닥에 토를 한 적이 있었다고 했다. 다른 친구들은 다 코를 쥐고 돌아서는데 희정이가 먼저 나와 자신과 같이 치웠다는 것이다. 어린 나이에 쉽지 않은데 모든 일에 아주 적극적이라며 학교생활은 걱정할 일이 없을 것이라고 하셨다. 내게 아이의 양육비법까지 물으셨다. 희정이는 고맙게도 인성까지 잘 자라 주었다.

입학 후 새로운 고민이 생겼다. 3월 한 달은 입학한 아이들도 엄마도 참 난감한 시간이다. 초등학교 등굣길에는 새로 입학한 1학년 아이와 엄마가 손을 잡고 교문까지 동행한다. 매일 아침 온 식구들 식사 준비와 학교 갈 첫아이의 준비로 옷 갈아입히고 머리 빗기고 학교 준비물을 챙기는 것뿐이라면 다행이다. 함께 등굣길을 나선다는 것은 집에 있던 어린 동생과도 동행한다는 의미였다. 집안이 한바탕 먹고 난 식기들과 입고 벗은 잠옷들과 빨래들로 뒤엉켜 정신 산만한데 아이들이 화장실에 다녀왔는지 체크도 해야 한다. 학교 앞 선생님이나 아는 이들을 만날까 봐 화장은 못 해도 세수는 하고 머리는 빗어야 한다. 머리를 못 감았다면 모자라도 눌러쓰고 옷이라도 김칫국물 튀지 않은 깨끗하고 단정한 옷을 갈아입어야 했다. 멋 부리는 세련된 아가씨는 어디로 숨었는지 온데간데 없고 최소한 누추하고 게으른 엄마가 아니고 싶은 마음이 우선이었다. 어린 동생이 두세 명이라면 줄줄이 하나는 유모차에 태우고 하나는 아기 배낭에 메고 함께 길을 나서야 했다. 그야말로 엄청난 대행진이 아닐 수 없다. 이 작은 의식 때문에 나는 과감히 엄마와 함께하는 등굣길을 포기했다. 교문 앞에서 만나는 엄마들의 수다도 내게는 좀 버거운 시간이었기에 희정이에게 눈높이로 말을 전했다.

"초등학교에 다닌다는 것은 학교생활을 잘 할 수 있는 나이가 되었다는 뜻이야. 이제 사회생활을 해도 될 나이니까. 우리 희정이는 혼자서 잘 할 수 있지?"

하고 말하면 희정이는 자신을 믿어준다는 의미로 받아들여 더욱 신이 나서 혼자 등교를 했다.

오히려 친구 엄마들이 혼자 다니는 희정이를 보고 칭찬을 하면 으스대며 자신의 독립성에 만족해했다. 학교 자체를 신나는 놀이터로 받아들였기에 엄마가 없이 등교하는 것은 전혀 문제가 되지 않았다.

아침 등교 시간은 입학한 지 일주일 만에 해결되었는데 그다음은 하교 시간이 문제였다. 처음 한 달 동안은 수업을 두세 시간만 하고 돌아왔다. 학교 적응 기간이라고 했다. 유치원을 거의 모든 아이가 다녔을 텐데 적응 기간이 한 달이라니 나로서는 이해가 되지 않는 부분 중 하나였다. 아이를 학교에 보내 놓고 설거지를 하고 청소를 하고 빨래를 돌리고 쉴 틈도 없었는데 벌써 현관문 비밀번호가 눌리는 소리가 들리고 희정이가 돌아왔다. 조금 보태 말하면 허탈하기까지 했다. 지금이야 학교 돌봄 교실이라도 있어 그나마 아이들이 하교 후 지낼 곳이 있다지만 희정이를 키우던 그때만 해도 학교 수업이 끝나면 아이들은 모두 집으로 돌아가야 했다. 누구 한 사람이라도 집을 지켜야 하곳길 아이를 맞이해 줄 수 있었다. 여건이 안 되면 그대로 아이들은 방치가 되었다. 때문에 초등 1학년생을 둔 직장 다니는 엄마는 마음이 편할 날이 없다. 아이 눈치를 보랴 직장 눈치를 보랴 그야말로 좌불안석일 것이다.

막내인 희수는 희정이와 딱 10년 터울이다. 희정이가 초등 4학년 때 늦둥이 희나를 낳았다. 아이는 너무 예뻤지만, 학교 시스템에 적응하려면 엄마들의 적잖은 희생이 요구되었고 나는 세 아이 덕분에 세 번의 정신없는 입학 시즌을 겪었다.

초등학교 돌봄 교실은 2006년부터 시작되었다. 새천년이 지난 후에도 한참이 지나서였다. 초등 돌봄 교실은 내가 첫째인 희정이를 보낼 때 느낀 불편 사항을 어느 정도 반영하고 있었다. 이제는 일찍 끝나는 1~2학년 아이들을 학교에서 돌봐 준다. 그러나 이것도 아직 모든 학생이 대상은 아니었다. 맞벌이 부부와 저소득층 가정 자녀의 사교육비 경감을 목적으로 하는, 교육복지를 위한 시도였다. 10년이 넘어선 지금도 아직 대상이 확대되지는 않았다. 아이들의 하굣길 방과 후 시간에 대한 대책은 맞벌이 부부나 저소득층 가정에게만 문제로 다가오지는 않을 것이다. 집에서 전업주부로 아이를 키우는 처지에서도 이전의 학교 서비스와 별반 다르지 않게 다가왔다. 현실적으로는 일하는 직장 엄마나 한 부모 가정이나 조손 가정들은 초등학교 입학 첫날부터 얼마나 난처한 상황을 만드는지 모른다. 그러고도 아이를 안 낳는 젊은 부부에게 대책도 없이 세계 최저 출산국이 되어 안타깝다느니 분발해야 한다느니 하는 이야기를 감히 할 수 있을까? 아이의 양육은 다음 세대를 바꾸는 나라의 미래이다. 가정의 문제로만 돌리기에는 교육의 불안정은 미래의 불안정으로 이어진다.

첫아이를 입학시키고 나서 나를 놀라게 한 또 다른 상황들이 있다. 바로 학교의 수많은 학부모 활동이다. 학부모 모임이 정말 많아도 너무 많았다. 내가 초등학교 입학생을 둔 학부모인지 학부모 단체에 입학한 사람인지 구분이 안 될 정도이다. 녹색어머니회에서 아침 등굣길 교통 지도를 하는 봉사 활동을 모집하고, 학교마다 설치된 도서관에서 책 정리와 도서 도우미를 모집했다. 학기별 교실에 권장 도서를 나누는 작업도 하지만 관리 도서 선생님이 점심 식사하러 가는 동안 돌아가며 학부모들이 도서관에서 아이들을 맞이해야 한다. (사실 책을 빌리는 학생들은 쉬는 시간보다 점심시간에 가장 많지 않을까?) 이외에도 학교마다 학교장의 지향 목표에 따라 책 읽어 주는 엄마 모임, 영어 센터 봉사 모임, 급식 모니터, 학교 보안관, 준비물 센터, 등등 한 아이를 보내면서 부모가 감당해야 할 봉사 시간이 너무 많았다. 누구나 학부모들이라면 학기 초 학부모 총회 때 학부모 단체의 인원이 채워지지 않아 담임선생님 얼굴을 똑바로 못 보는 어색한 침묵의 시간을 경험했을 것이다. 안 하고 싶어서가 아니다. 절대적으로 아이들 학교 교통정리 때문에 직장에 반차를 쓰거나 지각할 정도로 직장생활이 녹록하지 않다는 것이다. 전업주부에게도 학부모 활동은 반갑지 않다. 학부모의 시간을 무임으로 활용해도 괜찮다는 생각은 자녀에게 주는 사랑과 희생 봉사로 덮기에는 너무 시대에 뒤떨어진 것 아닐까? 학부모들 사이에서도 하는 엄마와 안 하는 엄마가 나뉘어 불편한 상황까지 놓이게 된다.

여러 학부모 봉사 단체 중 가장 회원 수도 많고 규모가 큰 녹색어머니회는 정말 조직과 체계가 대단한 모임이었다. 녹색어머니회는 언제 왜 만들어졌을까? 녹색어머니회는 1969년 '자모 교통 지도반'으로 만들어졌다. 박정희 정권 때 1971년 치안본부(현 경찰청) 소속에서 '녹색어머니회'로 명칭이 바뀌었다. 여성 경찰 정복과 유사한 제복을 착용하고 어린이들에게 시안성이 높은 노란 깃발을 주로 사용한다. 주요 임무는 등하굣길에 횡단보도에서 차량을 통제함으로써 학생들의 교통안전을 지키는 것이다. 학부모들은 지난 50년간 등교하는 학생들을 위해 횡단보도 앞에 섰다. 하지만 자녀를 위한 안전과 사랑의 봉사로 치장된 이 일은 경찰이나 학교의 공권력이 스스로 해야 할 일을 학부모에게 전가하는 것이다.

하지만 이는 과거 학부형인 엄마들이 전업주부가 대부분이던 시절에는 기혼 여성이 출산 후 사회 활동을 할 수 있는 몇 안 되는 통로였다. 학교 내에서 입김도 강했던 시기인 데다가 녹색어머니회 학교 대표에게 지역사회나 지역 정계에서도 대우를 해주던 것이 관례였다. 지금도 공식적인 자리에 귀빈석의 한자리로 녹색어머니 대표 자리가 있다. 대표의 입김이 세기도 하고 소속 회원인 녹색어머니회에 등록하게 되면 평균적으로 한 가정마다 1년에 2~3번씩 돌아가며 당번을 서야 한다. 회사 일이나 급한 집안일이 겹쳐도 반드시 나가야 하다 보니 부담은 학부모 몫이 되었다. 정말 내키지 않는 일이지만 아이에게 불이익이 돌아갈까 두려워 마지못해 신청을 하게 된다. 정작 당번이 된 때에 다른 급한 일로 봉사 활동을 할 수 없는 상황이 생기면 시간을 바꿔줄 다른 이를 구하기도 어려워 진땀을 뻘뻘 흘리게 된다. 급기야 일부에서는 녹색어머니회 사람을 구해 일당을 주고 대처하는 사례도 있다.

전업 맘과 워킹 맘의 불화가 아이들에게 옮겨가기도 한다. 전업 맘들은 모든 학교 행사를 1순위로 두고, 집에서 살림하는 것에 대한 가치를 인정 못 받고 잉여 인력으로 취급받는 기분이 속상하다고 말하기도 한다. 워킹 맘이 참여하지 않을 때는

"혼자 세상 바쁜 척하네.", "나도 할 일 다 미루고 왔어."

라고 한마디씩 하며 학부모들 사이에 서로 오해와 미움이 쌓이는 실정이다.

또 양육자에 대한 배려 없는 명칭이나 운영 내용도 문제다. 봉사 단체의 명칭에 '어머니'라는 이름이 들어가 잠재적으로 육아에 관련된 일을 모두 엄마의 몫과 책임으로 규정짓고 있다. 아이들에게는 성차별적인 편견을 키워줄 수도 있다. 아버지가 참여할 수도 있고 한 부모 가정이나 조부모 가정이나 이외 다른 여건에 대한 배려가 전혀 없다

는 의견이 많다.

엄마들의 시간을 무급 노동력으로 취급하는 생각은 오래전에 폐지되어야 했다. 등굣길 아이들의 안전이 걱정된다면 전문 인력을 쓰거나 지역 어르신들 아르바이트를 모집하거나 그도 안 된다면 담임선생님 지도하에 고학년 선배들이 나와 당번을 해도 좋을 것이다. 해결 방법은 다양하다. 학교에서 정해진 일이라면 그냥 내 아이의 불이익을 막기 위해 맹목적으로 따라야 하는 시대는 지났다. 정해진 관례, 대다수가 참여하는 것이 대세라며 참여를 강요하는 것보다 더 시대착오적인 관행은 없을 것이다.

학교의 행사는 그야말로 학부모가 주축이 돼서 움직였다. 학기 소풍 때 담임선생님이 혼자서 저학년 모든 아이를 컨트롤할 수 없으니 될 수 있는 모든 학부모가 참여했다. 10년 전 상황이었다. 지금은 반 대표 한 명과 보조 한 명, 두 명 정도로 제한을 둔다. 학교 체육대회나 스카우트 같은 청소년 연맹의 학교 야영 준비도 단연 학부모 봉사가 1순위였다. 학교 바자회는 그야말로 없어지기 전까지 말이 가장 많은 행사였다. 바자회를 빌미로 학부모에게 걷은 회비로 싸게 물건들을 사서 바자회에 내다 팔았다. 집에서 가져온 헌 옷이나 여벌의 물건들로는 충당하지 못한다는 이유였다. 행사에 사람들이 모이니 음식을 만들어 팔았다. 모든 봉사는 학부모들의 시간과 기부금과 노동력으로 수익금을 냈다. 학교에 봉사 활동비로 수익금을 제출하고 나면 남는 건 학부모의 허탈한 심정이었다. 이것이 무엇을 위한 행사인지 목적을 잊었다. 불우이웃돕기 성금? 아나바다를 위한 학생 교육? 학부모 단합 대회? 바자회 수익금을 반별로 공개하기도 했으니 정말 아무 생각 없이 휘말려 가는 학교 행정이었다. 10년이 흐른 사이 많은 개선이 되고 촌지 같은 것은 김영란법으로 모두 금지되었다. 모임에서 일정 금액을 모으는 것도 일절 금지되었고 음료수를 사 가지고 학교에 가는 것도 지금은 엄격하게 막고 있다.

나는 첫아이인 희정이를 키울 때 전업주부였다. 아이가 학교에서 더욱 안전하고 더욱 재미있고 더욱 다양한 활동들을 많이 배우고 익히길 원했다. 이런 일련의 학부모 봉사 활동 등의 학교 행사에 학부모를 참여하게 하는 취지를 정확히 알려야 한다. 얼마 전 정확히 첫째와 10년 터울인 셋째 희나의 학교 상담을 갔다. 지금 나는 학교 학부모 봉사 활동에 거의 참석하지 않는다. 학부모 모임도 되도록 참석하지 않고 있다. 그냥 아이의 의지대로 학교에 잘 다닐 수 있게 신경 쓰고 담임선생님과의 상담은 꼭 참석하기로 했다. 학부모 상담이 있는 날, 담임선생님을 뵈러 아이의 교실을 찾아갔다. 한 아주머니가 교실을 청소하고 있었다. 희정이가 초등학교 1, 2학년일 때는 매일 아이들 교실 청소를 반 엄마들이 교대로 나와서 해야 했다. 학기 초와 방학 때는 선풍기, 에어컨 청소 등 대청소도 엄마들의 몫이었다. 10년이 지나 셋째의 교실에서 청소하는 아주머니는 용역회사의 직원분이셨다. 학교 행정이 예전보다 많이 달라졌다는 것이 느껴졌다. 점점 합리적이고 상식적으로 가고 있는 것이 보였다.

처음 아이를 학교에 보내고 나도 초보 학부모가 되면서 아이들 데리고 일 년간 홈스쿨링 할 때보다 더 신경이 쓰였다. 내가 만든 스케줄이 아니라 정해진 스케줄에 따라 내 행동반경이 제약되었고 일상생활의 스케줄도 변동이 되었다. 꼼짝없이 아이 학교 행사 일정에 내 모든 것이 맞춰져야 했다. 도대체 직장 엄마들은 어떻게 이 모든 일정을 소화하지? 그 당시 나의 의문이었다. 전업 엄마에게도 버거운 아이 학교 행사들인데 참석 못 하는 엄마들 혹은 아빠가 키우는 아이들은? 조부모가 키우는 아이들은? 철저히 남들과 조금 다른 환경에 있는 아이들이 초등 신입생부터 차별을 받는다고 생각했다. 갑자기 내 초등학교 (그때는 국민학교였지만) 시절이 떠올랐다. 학년에 올라갈 때마다 호구조사 프린트 한 장을 매번 쓰게 했다. 부모님의 학력이며 직업이며 집의 사는 정도를 표시하는 것이다. 집이 자가인지 전세인지 월

엄마, 나 고등학교
자퇴할래요

세인지 표시를 하게 했다. 한 반에 6~70명 정도 되던 초등학생일 때 집에 TV가 있는지 비디오가 있는지 냉장고, 세탁기 가전 도구 있는 사람이 있는지 손을 들고 일체 조사에 들어갔다. 제5공화국 때 일이다. 지금 생각하면 인권도 없고 배려는 더더군다나 없었던 노골적인 가구 조사였다.

나의 초보 학부모 경험담은 어리바리하고도 아는 게 없어 주변을 보며 대세에 따르는 처지였다. 거의 모든 학부모가 그러했다. 학부모 봉사 활동에서 자녀에게 교육적이든 도움이 되는 행정 봉사이든 의미를 찾을 수는 없다. 10년이 지난 지금에는 나는 조용히 그런 맘이 되기를 거부했다. 녹색어머니회의 가입에 대한 찬성, 반대 가정통신문이 왔길래 반대에 표시하여 보냈다. 학교의 학부모 행사 참여에 어쩔 수 없이 참석하고도 남는 건 없었다. 뭐를 남기자고 하는 일은 아닐 것이다. 수없이 엄마의 시간을 멋대로 요구하는 행정에 불편한 마음이 항상 자리 잡고 있을 뿐이다. 그 옛날 호구조사 하듯이, 학교에 다니는 아이에게 헌신적으로 올인하여 신경 써줄 부모가 있는지 없는지 확인하는 작업 같아 씁쓸했다. 아직도 아이의 학교생활에는 부모의 영향력이 막대하게 미친다.

엄마와
체험 놀이 학습

○ 체험학습

초등학교 입학한 첫 주에 아이와 등굣길에 손을 잡고 기분 좋게 교문에서 헤어졌다. 곳곳에서 아이와 손을 흔들며 돌아서는 엄마들과 눈이 마주쳤다. 웃으며 인사를 했더니 같은 반 학부모였다. 아이들과 교문 앞에서 헤어진 엄마들이 삼삼오오 모였다. 호탕하게 한 엄마가 자신의 집으로 차 한잔하자며 불렀다. 아침 시간에 늘 집안이 난장판이던 나는 그 엄마의 배려에 감동했다. 남의 집에 초대받은 건 처음이었다. '아…… 이렇게 사람들이 모여서 엄마들의 이야기가 시작되는구나.' 하고 생각되었다. 서넛 명이 한집에 모여, 사는 집도 보여 주고 아이의 공부 이야기도 하고 사는 이야기도 했다. 한 집이 초대하니 다음엔 다른 엄마가 집에 초대했다. 다음날은 또 다른 엄마. 나도 피할 수 없어서 우리 집에 초대했다. 그날은 새벽부터 아니 전날부터 부지런히 청소했다. 최대한 깔끔하게. 커피 잔도 두 개밖에 없던 집에서 커피 잔 세트도 하나 장만했다. 하지만 다과상을 준비하고 손님을 접대하는 일은 내 체질에 맞지 않았다. 몇 번 이런 순환이 이루어지자 신변잡기 이야기에 조금씩 싫증이 났다. 남편 이야기, 시댁 이야기는 안 해도 될 이야기가 반복됐고 드라마 이야기, 연예인 이야기는 관심이 없었다.

　한 달은 금세 지나가고 다른 아이들도 더 이상 등굣길에 엄마와 동행하지 않았다. 이미 엄마들 모임이 수시로 있었다. 아침 커피 타임이 있었고 점심 모임, 저녁 술자리 모임도 있었다. 엄마들의 커뮤니티가 형성되는 시기였다. 10년 사이 정말 많이 변했다. 예전에 집에 초대하는 문화는 사라지고 이제 건물마다 하나 이상 생긴 카페에 모이기 시작했다. 브런치도 많았고 아이들 동아리 활동이나 또래 모임도 많아졌다. 첫째 아이 같은 반 친구 엄마들과 모임이 잦아지고 서로 언니 동생하는 호칭이 편해질 때 나는 품앗이 수업을 하자고 제안했다. 수학을 가르쳤던 경험이 있으니 아이들과 가베로 놀이 수학을 하기로 했다. 가베란 정육면체, 직육면체, 공모양, 나무 막대 등의 모양을 한 블록으로, 아이들이 놀면서 배울 수 있는 학습 놀이 기구이다. 다른 엄마들은 책을 읽어 주거나 요리를 같이하거나 종이접기 같은 만들기를 하는 등 각자 자신이 가능한 방법으로 아이들과 함께하는 놀이 학습을 하자고 제안했다. 내 적극적인 제안에 얼떨결에 모두 참여를 했다. 아이들도 방과 후에 집에 모여 그룹 수업 하는 것을 좋아했다. 간식도 같이 먹고 학교보다 자율적인 분위기에서 서로 어울려 노는 것에 신나 했다.

함께한 엄마들은 아이들이 거실에서 수업하는 동안 작은방에서 모여 수업을 보기도 하고 자신들끼리 수다를 떨었다. 나는 아이들과 하는 수업이 재미있었다. 전에 공부방에서 했던 수업 교구들을 아이들 앞에서 펼쳐 들고 정육면체 전개도며 원뿔의 전개도며 다양한 교구로 가지고 놀았다. 아이마다 과제를 주고 다음 시간에 돌아가며 선생님이 될 기회를 주었다. 아이들은 역할극을 하는 것처럼 선생님이 되어 진행하는 수업을 정말 신나 했다. 다른 친구를 발표시키기도 하고 사탕 같은 상을 주기도 하고 잡담을 하는 친구들에게는 주의를 주기도 했다. 나는 아이들 각각의 수업 자료를 전지에 매직으로 적어 빈칸을 만들고 수학 용어를 맞추는 퀴즈도 진행했다.

엄마들의 품앗이는 얼마 못 가서 끝이 났다. 다른 엄마들의 수업 준비가 귀찮다는 이유였다. 대신 나에게 매달 수업료를 낼 테니 계속 아이들과 수업을 해 달라고 했다. 전혀 의도한 바가 없었는데 나는 또 한 번 공부방 선생님이 되었다. 내 아이의 친구들과 같이 시작한 수업이었고 내 아이가 즐겁게 공부하는 방법을 생각하다가 그룹수업을 선택한 것인데 나는 또 할 일이 생기게 되었다. 점점 소문이 나서 다른 반 아이는 같이할 수 없냐는 문의도 왔다. 기존 희정이 반 이외에 한 반을 더 만들었다. 인근 스포츠센터에서 가베 선생님이 그만두셨다면서 수업을 맡아줄 수 있냐는 제의 전화도 받았다.

순간 내가 가베 선생님이나 방과 후 선생님으로 살 수도 있겠다는 생각이 들었다. 내가 시작한 공부방은 오로지 희정이나 나의 아이들을 위한 공부 학습 방법이었다. 나는 전문가도 아니고 전공을 한 것도 아니었다. 단지 관련 자료를 찾아서 밤새워 공부하고 다음 날 수업 내용을 짜고 수업 자료를 만들었다. 잠시 생각했다. 지금의 열정은 희정이를 위한 일이지 나의 일이라 생각하지 않았다. 나는 아이 엄마다. 그것뿐이었다. 정중히 들어오는 수업 제안을 거절했다. 그때 같은 반 엄마가 오빠의 수학을 가르쳐줄 수 있냐고 물었다. 나는 이과였고, 수학을 좋아하는 학생이었다. 대학생 때도 수학 과외로 학비와 용돈을 충당했고 졸업 후 한동안 사회가 뒤숭숭할 때도 수학 학원 강사로 중고등학생을 가르쳤었다. 수학 과외라면 가베보다 희정이에게 더 도움이 될 것 같았다. 지역이 강남이었기에 고학년으로 갈수록 수업을 어떻게 하는지 알 수 있었다. 중고등학생을 가르친다면 손쉽게 학교 시험지, 소위 족보도 얻을 수 있고 희정이에게 도움이 되는 일이 될 것 같았다. 나는 흔쾌히 승낙했다. 강남에서 나는 과외 선생님을 시작했다.

희정이는 호기심이 많다. 나도 그렇다. 일단 첫아이의 모든 행보는 나의 첫 경험들이다. 엄마로 탄생한 순간부터 매 순간 처음 갓난아이를 다루고 처음 유치원생 부모가 되고 처음 학부모로 거듭난다. 희정이와 함께하는 모든 것이 즐거웠다. 가르친다는 즐거움도 있고 아이를 키우는 맛도 즐겼다. 둘째 희수는 남자아이였지만 첫째 희정이가 워낙 행동반경이 크고 와일드해서 상대적으로 수월했다. 둘째를 키우는 일은 첫아이가 가는 수순으로 미리 앞일이 내다보였다. 유치원 다음 행사가 무엇인지 미리 알고 준비를 해 줬고 다섯 살 아이의 찡얼거림을 어떻게 대처할지, 아이의 요구를 어떻게 타협할지 미리 알았다.

초등학교에 들어간 아이의 발달 수준에 맞춰 그리고 아이의 흥미에 맞춰 닥치는 대로 놀이 정보를 찾아서 함께했다. 레고나 과학상자나 창의 블록으로 설계도를 보며 하나하나 블록 맞추는 놀이를 했다.

건전지를 넣고 직접 움직이는 풍차나 꿈틀꿈틀 기어가는 애벌레도 만들었다. 한여름에는 거실 온 바닥에 전지를 깔고 아이들과 손발에 물감을 묻히고 온몸이 그림 그리는 도구가 되어 뒹굴었다.

나라의 정책이 쉼이 있는 삶, 주말이 있는 삶으로 천천히 바뀌었다. 희정이가 입학한 해의 토요일에는 학교가 오전만 수업했다. 점점 놀토가 격주로 행해지다가 매주 토요일마다 학교에 안 가게 되었다. 나라에서 정해 주는 연휴에 집에만 있기가 아까웠다. 그래서 주말마다 체험학습장을 돌아다녔다. 정선 5일장에서 전통시장을 경험했다. 부여 공주에서 백제 재현전으로 과거 역사를 눈으로 확인했다. 다양한 지역사회를 돌면서 각종 특산물이나 그 지역 페스티벌에 참여했다. 서울 근교에서 우주 체험전, 몸속 체험전 같은 행사가 열리면 두 아이를 데리고 아침부터 가서 놀았다. 방학 때 경주는 2박 3일로 직접 운전을 해서 아이들이 다닐 코스로 동선을 짰다. 남편도 시간이 나면 같이 갔지만 바쁜 일정이라 못 간다 해도 그냥 주말은 어김없이 아이들을 데리고 밖에 돌아다녔다. 모든 것을 사진으로 남겼다.

여전히 일주일에 한 번 희정이와 친구들의 그룹수업을 했다. 나머지 요일은 과외 학생들이 점점 많아져서 요일을 다 채웠다. 중학생은 어느 정도 수월했지만, 고등학생 수학 과외를 하려면 상당한 준비가 필요했다. 내 안의 지식으로 수업을 끌고 가기에 중간중간 막히는 수학 문제가 있었다. 고등학교 수학 문제집을 수업 전에 빠짐없이 다시 풀어 보고 확인해 봐야 했다. 과외 수업이 끝나면 두 아이 잠잘 채비를 해 놓고 머리말에서 책을 읽어 줬다. 고등학생 과외는 너무 늦게 끝나서 미리 직접 책을 읽어 녹음해 둔 오디오 테이프를 아이들에게 들려주며 먼저 재웠다. 어찌 그 많은 것을 다했는지 모른다. 지금 셋째에겐 매일 밤 책을 읽어 주지 못하고 유튜브 영어 동화만 틀어 준다. 체력적으로도 힘들고 나의 호기심이나 열정이 다른 방향에 있기 때문이기도 했다.

희정이가 3~4학년이 될 즈음엔 역사기행 프로그램으로 암사동 선사 유적지부터 서울의 모든 고궁을 돌고 서대문 형무소, 화폐 박물관, 농업 박물관 등 초등학생들이 참여해 볼 만한 거의 모든 프로그램을 참석했다. 유치원생 희수도 같이 데리고 다녔다. 순전히 희정이 위주이기는 했다. 박물관에서 사진을 찍고, 다녀와서는 다시 포토샵으로 편집을 하고 인터넷과 박물관에서 받은 자료를 정리했다. 아이와 다녀온 장소의 유래와 역사, 유물 이야기를 정리해 개인 체험 앨범을 한 권씩 만들었다. 1학년 때는 직접 사진을 인출하고 손으로 두꺼운 색지로 책을 만들고 여러 가지로 꾸며서 희정이가 간 곳의 명칭을 직접 쓰고 정리하도록 만들었다. 몇 년 뒤에 포토북이라는, 디지털 사진을 편집하여 책으로 인쇄할 수 있게 만들 수 있는 프로그램이 생겼다. 아이의 체험학습이 많아지면서 포토북을 적극적으로 활용했다. 학년이 올라갈수록 아이들의 여행은 추억이 되었고, 다방면 공부에 보조 활동으로도 훌륭했다.

나는 아이들이 어려서부터 곳곳을 경험하고 역사를 살아있는 지식으로 체험하기를 원했다. 희정이는 무엇을 경험하게 하든 쉽게 잘 따라오고 이해했기 때문에 가능했는지도 모른다. 아이에게 맞는 교육이 무엇일지 항상 생각했다. 아이 주변에 뿌려 놓은 정보들을 아이 스스로 호기심을 가지고 찾기를 바랐다. 몸이 힘들어도 주말마다 아이들을 데리고 나간 이유였다. 알파 맘, 베타 맘 이런 말들도 유행했던 시절이었다. 내가 알파 맘인지 베타 맘인지 그런 건 중요하지 않다고 생각했다. 내 아이가 잘 자라 주기만을 바랐던 것 같다.

친정아버지의 칠순 잔치가 있었다. 내가 결혼했던 해의 겨울에 남동생도 결혼했다. 둘 다 아이를 아들딸 사이좋게 남매를 두고 잘 살았다. 남동생과의 사이가 나쁘지도 않았고 올케도 현명하고 차분하게 집안의 대소사를 잘 따라 줬다. 부모님은 전쟁을 겪고 늦게 가정을 꾸리신 데다가 첫아이를 어릴 때 잃으신 경험이 있었다. 나의 오빠는 내 기억에 전혀 없는 존재이지만 부모님에게는 가슴에 묻은 자식일 것이다. 그 뒤 자신의 아이에게 최선을 다해 애정으로 키우셨다. 먼저 보낸 아이의 죄책감 때문에 아마 나와 내 동생에게 더 헌신적으로 베풀어 주셨는지도 모른다. 부모님 칠순 잔치에 두 남매가 모두 결혼하여 손주가 네 명이지만 모두 어린 초등, 유치원생이었다. 손님들은 많으셨지만 자랄 때 한 번도 느끼지 못한 서늘한 외로움을 느꼈다. 형제가 많아서 북적이고 부모님의 문제나 가정의 대소사를 함께 의논하는 집이 부러웠다. 집안 행사를 준비하면서 혼자라는 생각에 덜컹 때 아닌 외로움을 심하게 탔다.

나도 남매를 낳았다. 나와 똑같이 장녀인 희정이도 남동생을 두고 성장할 것이다. 순간 아이에게 늦더라도 여자 형제를 만들어 주고 싶었다. 지금의 내가 느끼는 외롭고 허전한 쓸쓸함을 아이가 느끼게 하고 싶지 않았다. 마흔이 아직 안 된 나이여서 아직 결혼을 안 한 친구들이 꽤 있었다. 지금은 셋째를 욕심부려도 괜찮을 것 같았다. 첫째와 둘째의 육아가 그렇게 힘들었어도 나는 또 한 번 더 고행길을 선택했다. 셋째를 낳기로 한 것이다. 순전히 희정이가 나처럼 외롭거나 우울증에 빠지지 않을 만한 인생의 든든한 자매를 만들어 주고 싶었다. 셋째가 여자라는 보장이 없었지만, 나는 처음 마음먹은 대로 셋째도 딸아이를 낳았다. 직업이었던 나의 수학 과외 일은 다시 접어야 했다. 갓난아기와 이제 막 초등학교에 입학한 둘째와 여전히 학교생활이 왕성한 첫째, 세 아이의 엄마 역을 해내야 했다.

초등학교 안에서 활동은 하면 할수록, 알면 알수록 점차 기회도 많고 할 것도 많다. 희정이는 새 학기만 되면 학급회장 선거 유세를 준비하고 회장에 당선되었다. 나름대로 본인이 직접 유세문을 쓰고 소품을 준비해서 아이들 앞에 섰다. 한번은 목 베개를 학교에 가져갔다. 이유를 물으니 반 선거 때 쓴다고 했다. 의아했지만 무슨 일인지는 더이상 묻지 않았었다. 당시 〈선덕여왕〉의 시청률이 엄청 높던 시기였다. 미실의 인기도 높았다. 희정이는 목 베개를 가체처럼 머리에 쓰고 미실의 성대모사를 했다. 선거에 나온 아이 중에 단연 이목이 집중되었고 아이들은 박장대소를 하며 희정이의 개그 코드를 즐겼다. 다른 학부모들 귀에도 이야기가 돌고 나서 다시 내 귀로 희정이의 반 회장 선거 상황이 들렸다. 희정이는 그런 상황을 즐겨 했다.

학교에서 준비하는 다양한 이벤트 행사에 희정이는 빠짐없이 참석했다. 교내 동요 대회에 나가서 상도 받고 영어 말하기 콘테스트나 강남교육청에서 학교 대항으로 준비한 뮤지컬 무대도 적극적으로 참여하였다. 앞장서서 리더십을 가지고 활동하기 좋아하고 무대 위에서 주목받는 것을 좋아하는 아이였다. 노래하는 것을 좋아하던 희정이는 어린이 TV 케이블방송의 어린이 합창단원이 되었다. 다양한 활동을 진행한 어린이 합창단은 전국으로 행사가 많았다. 개천절이나 광복절 등의 국경일에는 각 지방자치단체 행사에서 어린이 합창단이 찬조 공연을 했다. 아이의 엄마는 매니저 노릇을 했다. 행사에 차로 데려오는 것은 기본이고 의상이나 메이크업, 헤어도 세팅하고 간식과 음료를 챙기는 것이 일이었다. 셋째를 임신했던 상황이라 몰려드는 피로감을 버티며 아이를 전국으로 쫓아다녔다. 희정이가 합창단으로 드라마에 보조 출연하여 나온 TV 장면을 셋째를 낳고 산부인과 병원 회복실에서 보게 되었다.

나의 모든 관심사와 일련의 행동은 희정이에게 오롯이 맞추어져 있었다. 아이를 잘 키우고 싶은 마음도 있었고 아이가 잘하기도 했다. 결과가 쏙쏙 성과가 나오니 재미있었다. 무엇이든 할 것 같은 아이여서 아이의 미래가 정말 기대가 되었다. 내가 버팀목이 되어 주고 밑바탕이 되어 주어야 한다고 생각했다. 활동성이 크고 호기심이 많은 아이가 여러 영역을 탐색할 수 있도록 최대한 기회를 주었다. 초등학교는 탐색전이라 언어 영역이든 수리과학 영역이든 미술 영역이든 음악 영역이든 체육 영역이든 아이가 관심 있고 특기를 살릴 수 있는 사항을 빨리 알아내서 앞으로 전문성 있게 더 집중하기를 바랐다. 아이는 더할 나위 없이 모든 면에서 완벽했다.

관심 있는 자의
도전, 영재 교육원

○ 영재 교육

희정이가 고학년이 되었다. 슬슬 공부의 양을 늘리고 깊이 있게 들어가는 시기였다. 영재 교육원에서 원서 접수하는 시기가 되었다. 우리나라는 영재교육진흥법에 따라 영재 학교, 영재 교육원, 영재 학급의 체계로 운영이 된다. 중앙부처와 시도 교육청이 관할하고 영재교육연구원이 지원하고 있다. 시도 교육청에서 영재 교육원을 모집 선발하고 각 지역 대학 등에서도 영재 교육을 시행한다. 영재 교육 분야는 수학과 과학이 주류를 이루지만 창의성 융합 인재를 목표로 음악, 미술, 정보과학 분야도 같이 선발하였다. 선생님이 추천하기보다 학부모가 알아서 미리 개별로 신청하는 경우가 많다. 최근에는 인

엄마, 나 고등학교
자퇴할래요

문 · 사회, 발명, 외국어 등으로 범위가 점차 넓혀지고 있다.

영재 학교는 특수목적고로 분류하여 진학하게 되지만 초중등의 영재 학급이나 영재 교육원은 지원한 후 추후 관찰하여 선발하게 되는 시스템이다. 예나 지금이나 부지런한 엄마들의 정보력으로 지원할 수 있다. 그냥 학교에 맡겨 놓고 알아서 잘 하겠지 하고 미뤄 두면 내 아이에겐 기회가 주어지지 않는다. 아무리 똑똑하고 공부 잘하고 창의적인 아이들이라도 추천의 기회가 그냥 가는 것은 아니다. 미리 나눠 준 프린트의 신청서나 학교 알림을 보고 여기저기 부지런히 참여하는 것이다. 엄마들은 지레 내 아이를 과소평가하거나 포기하기도 하며, 잘하더라도 귀찮아하기도 한다. 또 마음은 있지만 타이밍을 놓치는 경우도 많다. 즉, 우리나라의 영재 교육은 담임선생님의 꾸준한 관찰로 선별되는 것이 아니다. 신청자에 한해서 관찰되는 것이다.

희정이가 지원했던 10년 전의 영재 교육원은 강남교육청 영재 교육원과 서울교대 대학부설 영재 교육원의 과학 분야였다. 지원 서류를 접수한 후 1차 시험을 치렀다. 대개 수학 경시 문제 위주의 시험이었고 창의력 시험으로 다양한 상황의 과제가 주어졌다. 1차에서 합격자의 1.2배수가 2차 면접시험을 볼 기회가 생겼다.

면접관 앞에서 아이는 주어진 문제에 관하여 차분히 자기 생각을 이야기해야 했기 때문에 기본적인 배경지식이 있고 의사 전달력이 높아야 했다. 독서력과 창의성과 담력이 필요했다. 지금은 과도한 영재 교육의 사교육 문제로 지필 시험을 없앴다. 대신 자소서나 교사 추천 체크리스트, 관련 지원 분야의 산출물이 있어야 한다. 이 또한 아이 혼자서 준비해야 할 사항은 아니다. 관심 있는 부모의 역량에 들어간다. 그렇지만 부모가 영재 교육원의 모든 자료를 섭렵하여 지원한다 해도 아이가 면접할 수 없는 상황이거나 시험을 거부한다면 영재 교육의 기회는 주어지지 않는다. 다행히 희정이는 그런 긴장감 있는 면접과 도전 과제를 즐겼다.

나와 희정이는 퀴즈를 좋아했다. 일요일 아침마다 나오는 〈퀴즈 대한민국〉이나 〈도전 골든벨〉을 보며 서로 맞췄다고 흥분하면서 TV를 본다. 영재 교육원 기출문제들은 그저 같이 푸는 오락거리였다. 희정이는 2년 연속 과학 분야에서 강남교육청 영재 교육원에 합격했다. 희정이가 다니는 초등학교에서는 학년 중 유일한 합격자였다. 강남에 있는 초등학교 학생 중에 과학 부문은 학년당 20명만 뽑아서 1년간 매주 1회 수업이 진행되었다. 학교에서는 하지 않던 다양한 실험 과제를 진행하고 그룹 과제도 나가고 토론 수업도 진행하였다. 희정이는 새로운 수업 방식을 마냥 즐거워했다.

셋째 희나가 6개월이 되어 뒤집기를 하고 기어 다닐 무렵에는 희정이가 5학년, 희수가 1학년이었다. 세 아이 뒤치닥거리와 집안일만 하는 것이 한없이 무기력하게 느껴졌다. 나 스스로 전문성이 없다는 것에 많은 회의가 들었다. 산후우울증도 같이 왔다. 현실적으로 내가 할 수 있는 일은 한정적이었다. 게다가 무엇이든 내가 할 수 있는 일을 찾고 싶어도 아직 아이들이 어렸다. 현실적으로 주기적인 일자리나 정상적인 출퇴근이 힘들었다. 나의 자기계발과 아이들 육아와 단순한 가사 집안일이 모두 한데 뒤엉켜 나를 괴롭혔다. 이전처럼 공부방 하나를 아이들 가르치는 공간으로 다시 만들기에는 아이들이 셋이나 있는 집은 너무 비효율적이었다. 공간도 비좁거니와 우리 집 아이들도 집을 편히 쉴 수 있는 공간으로 여기지 못하고, 찾아오는 학생도 전문적인 학습 공간으로 여기지 않을 터였다. 학생들 수업 시간에 어린아이가 함께 있다면 엄마 역할도 선생님 역할도 어중간해질 뿐이다. 그렇다고 전문적으로 아이를 맡아줄 사람을 고용하기는 경제적으로 벅찼다. 이도 저도 못 하고 불평과 불만이 늘어났다. 나의 스트레스가 극에 달할 때쯤, 남편과 괜한 말다툼 끝에 희나를 업고 집 밖으로 나왔다. 결단을 내려야 했다. 초등학교 정문을 지나 골목길을 따라서 걸었다. 비가 후드득후드득 한 방울씩 떨어졌다. 뒤에 업힌 막내에게 겉옷을 두르고 먹구름이 낀 하늘을 올려다봤다. 초저녁 골목의 가로등과 간판이 하나둘 밝아지기 시작했다. 내가 멈춰선 그곳 2층에 있는 영아원 간판의 불이 반짝 들어왔다. 그전에는 무심코 지나쳤던 곳이었다. 막내 희나를 맡기기에 적합한 영아원이었다. 하지만 두 아이의 학비와 지금 희나의 분윳값, 기저귀 값과 한 달 생활비도 만만치 않은데 영아원을 맡길 여윳돈이 없었다. 마음도 울적하고 비도 오기 시작해서 시설 구경이라도 할 셈으로 올라갔다. 유치원생보다 작은 영유아들을 봐주는 곳이라 신을 벗고 들어서야 하는 실내 공간이었다. 모든 공간의 바닥에 보일러가 깔려 있어 양말을 신고 들어선 발바닥으로 따뜻한 온기가 전해졌다. 환하고 깔끔했다. 식사와 간식은 유기농 재료로 직접 시설에서 만들며, 아이들을 밀착해서 전담해 주시는 선생님들도 전문 자격이 있는 선생님이라고 했다. 원장님도 친절하고 온화하고 편하게 상담해 주셔서 너무나 마음이 동했다. 하지만 월 수업료가 첫째 둘째 학원비와 맞먹는 금액이었다. 애써 웃으며 상담을 잘 했노라고 말씀드리고 나오려는데 원장님이 희나를 보며 몇째냐고 물으셨다.

"네, 셋째에요."

"셋째는 100% 정부에서 지원이 나와요. 그냥 무료로 보내시면 됩니다."

아무런 정보도 없이 그냥 발길 닿아 무계획으로 올라간 곳이었다. 희망의 빛이 내 바로 앞에서 스포트라이트 광선 줄기마냥 내리 비추었다. 정말 기적 같은 일이었다. 그길로 남편과 이야기를 결론짓고 일사천리로 일을 진행했다. 셋째를 맡기고 영아원 맞은편에 수학 학원을 운영하기로 했다. 초등학교 바로 앞이라 학생들과 사람들의 왕래가 잦은 거리였다. 나는 다시 사회생활을 시작했다. 결혼 전 이미 동대문에서 사업을 했었던 나였다. 이제 다시 학원 원장으로 철저한 준비를 하기 시작했다.

새벽같이 일어나 아침 식사로 밥을 하고 반찬을 만들었다. 두 아이를 깨워 아침을 먹여 학교로 보내며 설거지와 집 안 청소를 대충 마무리했다. 나도 서둘러 씻고 옷을 갈아입고 화장을 하고 셋째 희나의 젖병과 아이 소지품을 챙겨 집을 나섰다. 희나를 영아원에 보낸 후 바로 맞은편 건물인 나의 학원으로 출근했다. 수업은 방과 후 오후부터 시작하지만, 나의 일은 오전부터 시작하였다. 원생 모집하는 플래카드와 전단을 만들고, 학부모 설명회를 시작했다. 그동안 학부모 활동을 하며 알아 둔 지인들에게 먼저 홍보를 했다. 희정이는 학교가 끝나면 아이들을 학원으로 데리고 왔다. 친구들에게 개원 선물도 주고 여러 가지 이벤트들을 알려 줬다. 관심 있는 학부모에게서 연락이 오고 상담을 하기 시작했다. 아파트 공부방보다 더 무게감이 있고 긴장했지만, 나의 일을 한다는 기쁨이 더 컸다. 아이의 공부를 가르치며 나도 성장했다. 평범한 가정주부에서 강남의 수학 학원 원장이 되었다. 치열한 경쟁 속에 살아남을 나만의 수학 공부 방법을 개발하고 연구했다.

교육부에서 7차 교육과정이 바뀌었다. 21세기에 대비하여 창의적 인간을 바람직한 인간상으로 제시한다고 했다. 8차 교육과정으로 넘어가지 않고 7차 교육과정이 수정되고 보완되어 계속 교육 지침이 바뀌었다. 학교에서 아이들을 가르치는 선생님은 아니지만, 학교를 보좌해서 아이들에게 공부가 지겹거나 힘들지 않게 도와주는 것이 나의 역할이라 생각했다. 나도 전반적인 교육과정을 알아야 한다고 생각했다. 수학 부문을 더 유심히 살펴보았다. 교육과정이 바뀌게 되면 아이들도 학부모들도 가르치는 선생님들도 긴장하며 주시하게 된다. 더 면밀한 전문성을 지니는 것은 당연하다고 생각했다. 새로운 수학 교과 과정은 학년마다 배워야 하는 단원이 확대되거나 축소되고, 학기 이동이나 심지어는 학년 이동도 일어나 작은 혼돈이 오게 되었다. 이렇게 학년으로 이동이 있는 단원 같은 경우는 불가피하게 희생되는 학년이 있다. 어느 학년은 함수의 기본인 정비례, 반비례를 아예 배우지 않고 건너뛰기도 했고 방정식을 눈으로만 훑고 지나가는 학년도 있었다. 가르치는 선생님들에게 혼란이 생길 정도로 용어의 맞

엄마, 나 고등학교
자퇴할래요

춤법이 매해 바뀌는 때도 있다. '최소값'에서 '최솟값'으로, 그리고 다시 '최소값'으로 바뀌었다. 내가 보좌할 부분은 이렇게 건너뛴 학생들의 단원을 보충하고 부족하고 혼란스러운 개념을 정확히 짚어 주는 일이었다. 세밀하게 교육과정을 연구했다.

처음 학원을 내고 본격적인 수학 지도를 한 다음 해는 실생활 위주의 수학 방법으로 학생들의 지도 방침이 내려왔다. 학교 선생님들도 못하는 교과 과정의 변화를 사교육 현장에서는 어느 누구보다도 발빠르게 움직인다. 나도 그 연장선상에서 예외가 될 수 없었다. 스토리텔링 수학 방법이었다. 단순히 연산을 풀고 수학 공식을 외우고 문제풀이만 하는 교과서 위주의 수학 수업이 아니었다. 수학이 우리 일상에 어떻게 적용되고 왜 수학을 배우는지 이야기로 풀어 가며 아이들에게 더욱 쉽게 접근하는 방식이었다. 전략적으로 동영상과 수학 교구를 이용한 창의력, 사고력 수학 학원을 모토로 삼았다.

본격적으로 수학의 역사를 공부했다. 수의 개념을 인지한 원시 양치기가 칼큘러스(calculus 미적분학)의 어원인 칼큘리 항아리에 돌멩이 수를 양의 수와 일치하게 가지고 다녔던 사실을 알았다. 심신이 허약한 데카르트는 침대에 누워 천장의 가로세로 무늬를 바라보며 좌표를 만들었다. 원주율을 사용하고 무한이라는 개념을 인지하게 된 것을 기념하며 전 세계 사람들은 3월 14일을 파이 데이로 기념한다. 나이팅게일은 통계를 이용하여 전쟁에서 돌아온 환자를 분류함으로써 병원균 감염 환자와 외상 환자를 구분했고, 이를 통해 수많은 사람을 살려 냈다. 수학 지식을 쌓아 가면서 영상으로 학생들에게 보다 친근하고 재미있는 수학 자료를 만들었다. 색종이로 각이 수직이 되게 접히는 정다각형을 만들었다. 눈으로 도형을 만들고 직접 수학을 적용하는 만들기 수업도 진행했다.

아이들도 무조건 문제만 풀고 시험만 보는 기존의 수학 학원과 달리 차별화된 수업 방식을 좋아했다. 수학 학원 가는 것을 좋아한다고 부모님들도 좋아했다. 금세 근처 수학 학원의 학생 수를 따라잡았다. 보조 선생님들을 두고 수업을 해야 했다. 나의 아이들은 학교 방과 후 수업이 끝나면 학원에 와서 자신들의 숙제나 책을 읽으며 학원이 끝나는 시간까지 기다렸다가 같이 집에 들어갔다. 다른 학원처럼 10시, 12시까지 하지 않고 저녁 7시가 되기 무섭게 일찍 끝나는 이상한 학원이었다. 늦게까지 수업을 해달라는 학부모들의 항의도 가끔 있었다. 학원생이 점점 늘어서 확장할 수 있음에도 수업시간을 연장할 수 없었다. 나는 수학 학원 원장이기 이전에 세 아이의 엄마였다. 세 아이와 항상 저녁을 같이하고 하루 동안 각자에게 일어난 일들의 이야기를 모두 듣고 잠자리에 재웠다.

CHAPTER 4

아이가 사는

입시 공화국

⇊ 영재 잔혹사 ⇊

하브루타 수업
국제 중학교

○ 프로젝트 수업

교육열을 이야기하면 빠지지 않는 두 민족이 있다. 바로 유대인과 한국인이다. 유대인들은 나라가 없이 오랜 세월 이방인으로 살았다. 종교적 박해도 받았고 무서운 홀로코스트 같은 대규모 학살도 당했다. 유랑의 세월을 거치면서도 강한 생존력으로 버텼고 그들의 후손들이 나라를 세웠다. 이는 오늘날 전 세계의 학문적 성과로 나타나고 있고 세계적인 리더로 자리 잡고 있다. 그들은 실패와 고난의 역사에서 그들만의 독특한 교육 방침을 통해 세계의 경제, 정치, 문화, 예술, 철학, 심리, 의료 등 각 분야를 주름잡고 있다.

유대인이나 한국인이 유아 교육은 엄마를 중심으로 한다. 즉, 모계 중심 교육이다. 유대인의 엄마는 끊임없이 아이와 대화를 나누고 질문을 하고 다시 대답하며 아이와 소통을 한다. 질문은 네, 아니오로 답할 수 있는 폐쇄형 질문이 아니라, 오픈형 질문이다. 어떻게 생각하는지, 왜 그렇게 생각하는지, 그런 생각 후에는 어떻게 행동해야 할지 생각에서부터 행동에 옮기기까지의 과정을 질문으로 스스로 깨치게 한다. 질문으로 생각을 만들 수도 있지만, 생각이 질문을 품게 할 수도 있다. 아이들은 스스로 생각하면서 호기심을 갖는다. 정답은 없다. 생각하고 느끼고 행동하여 결과를 만들어 낸다. 점점 아이의 지식적 탐구 활동이 넓어지고 창의적인 사고를 할 수 있게 도와준다. 모계 중심이라는 것에 의아해할 수도 있지만, 전적인 책임을 엄마에게 두고 아빠는 거들게 된다. 아빠가 도우면 금상첨화지만 그렇지 않다고 해서 비난의 중심이 되지는 않는다. 랍비가 남자인 것을 생각하며 아빠가 가정 교육을 도맡아 한다고 생각하면 안 된다. 이런 부분에서 우리나라와 비슷하다. 전적인 자녀 교육은 엄마에 의해 정해지고 아빠가 도우면 더 좋지만 그렇지 않은 가정도 많다는 게 사실이다.

우리가 유대인의 공부 방법에서 눈여겨볼 것은 유대인들은 함께 떠들고 말하면서 공부를 한다는 점이다. 유대인의 지혜에서 〈탈무드〉나 그들의 성경을 공부할 때는 아버지와 일대일 공부를 한다. 매주 토요일 저녁 유대인 공동체에서 자녀를 데리고 온 아버지는 경전과 〈탈무드〉 공부를 함께한다. 이야기를 늘어놓는 일방적인 수업방식이 아니다. 일대일 토론하듯이 공부한다. 좀 더 자라게 되면 친구와 함께 짝을 이루어 공부하기도 한다. 히브리어로 친구, 짝을 '하브루타'라고 한다. 짝을 지어 질문하고 토론하는 방식이 그들의 공부 방법이다. 단지 학생에 국한되지 않고 공부는 죽을 때까지 한다고 생각하여 나이 많은 노인들도 함께한다. 어려서부터 이런 질문 학습법에서 자신의 의사와 생각을 표현하는 법을 배운다. 짝을 이루어 같이 공부하면서 편향된 사고를 조정할수 있다. 똑같은 시간을 들여 혼자 할 때보다 훨씬 더 많은 지식을 탐구할 수 있다. 토론으로 다양한 사고를 접하게 된다.

학원을 경영하면서 수많은 학습 방법을 관심 있게 공부하게 되었다. 특히 유대인들의 공부 방법이 부러웠다. 집에서 희정이와 단둘이하는 것이 한계를 느껴서 또래 아이들 두 명과 그들의 엄마를 같이 묶어서 엄마와 함께하는 토론 수업을 했다. 교재는 어린이 시사 잡지를가지고 일주일에 한 번씩 모여서 아이들이 원하는 기사를 발췌하고 질문거리를 선정하게 했다. 아이들이 서로 질문을 주고받을 때 엄마들은 옆에서 다른 방향으로 흘러가지 않게 잡아 주거나 아이들이 이해하지 못한 시사 용어들이나 시대적 상황을 아는 선에서 이야기해 주었다. 똑똑하고 공부 잘하는 고학년이라도 아직 엄마들이 컨트롤 가능한 나이였다. 전문적인 논술 선생님이나 독서 토론 선생님을 따로 두지 않아도 엄마들의 인생 경험으로 충분히 커버가 되었다. 또 내 아이와 같이 수업하면서 엄마들은 아이들의 생각을 이해하고, 아이들은 엄마들이 살았던 과거와 생활 방식을 이해했다. 엄마와 함께하는 시사 토론 수업은 꽤 오랫동안 진행되었다.

  한번은 감기를 호되게 앓은 희정이가 병원에 가서 주사를 맞고 약을 먹어야 했던 적이 있었다. 약을 먹는데 맹물로 먹으니 자꾸 목에 걸린다면서 오렌지 주스로 먹는 희정이를 보고, 약 먹을 때는 그냥 생수가 가장 좋다고 말한 적이 있었다. 희정이는 과연 어느 음료수로 먹을 때 알약의 캡슐이 가장 빨리 녹는지 궁금해했다. 강남교육청 영재교육원에서는 1년 과정 수료 전에 선택 과제를 내야 한다. 희정이는 과학 분야였기 때문에 생활 속 궁금한 것들을 실험하는 과제를 수행해야 했다. 알약 캡슐은 어느 음료수에서 가장 빨리 녹는지를 실험 과제로 선택했다. 동일한 알약 캡슐을 같은 양의 실온 온도의 물과 얼음물과 더운물, 뜨거운 물에 각각 넣고 캡슐이 녹는 속도를 측정했다. 또 산성인 오렌지 주스와 이온 음료와 발효된 매실 엑기스와 맹물 실험을 했다. PPT를 만들고 발표도 능숙하게 했다.

마지막 발표회 날에는 부모님들을 초청해서 아이들이 한 과제발표를 같이 들었다. 그날 희정이의 발표를 보고 나에게 어머니 한 분이 다가와 말을 거셨다. 미래창조과학부(현재 과학기술정보통신부)에서 초·중·고등학년 대상으로 과학 프로젝트를 실시하는데 희정이도 같이 참여하지 않겠냐는 제의였다. 좋은 기회였다. 똑똑한 학생들이 같이 모여 새로운 프로젝트를 만들고 무언가에 적극적으로 참여하는 것만으로도 희정이에게 좋은 경험이라고 생각되었다. 멤버들은 희정이를 포함해서 여학생 두 명, 남학생 두 명으로 모두 네 명이 한 팀이 되었다.

네 아이 모두 성격도 좋고 활달해서 팀워크가 좋았다. 모인 엄마들도 모두 전문 지식을 갖춘 똑똑한 엄마들이었다. 아이들의 장래 희망은 과학자가 대부분이었다. 정작 희정이는 이과가 아닌 문과를 가고 싶어 했다. 아직 초등학생이니까 미리 확정 지을 필요도 없고, 다양한 경험은 나중에 문과를 선택하더라도 희정이에게 나쁘지 않을 거라 생각했다. 프로젝트 제출 마감 시간이 다가왔다. 네 아이 모두 다른 학교에 스케줄이 바쁜 아이들이어서 좀처럼 만날 수도 없었다. 아이들끼리 모아 놓고 사전 주제를 설정하려 해도 결론이 나지 않았다.

의미 없이 시간만 가자 한 아이 엄마가 나섰다. 주제가 엄마에 의해 정해졌다. 주변에 사용되는 생활용품으로 천연 가습기와 제습기를 만드는 내용이었다. 두 번째로 다시 아이들과 엄마들이 모인 날에는 다른 엄마가 모든 실험 기구를 다 준비해 왔다. 제습하는 가장 효과적인 방법으로 숯과 솔방울, 톱밥과 한지를 이용했다. 커다란 락앤락 통에 동일 양의 스프레이로 습도를 주고 습도계를 이용하여 얼마나 효율적으로 제습이 되는지 실험하였다. 아이들이 주축이 되었으나 미흡한 점이나 진행은 엄마들이 도왔다. 아이들은 적당히 과정마다 포즈를 취하고 사진을 찍었다. 적극적으로 준비해 준 엄마에게 감사한 마음도 들고 미안한 마음도 들었다. 아이들에게 맡기기만 해서는 시간안에 결과물을 만들지 못하는 것이 사실이란 생각이 들었다.

마지막 자료 보고서를 쓰는 순간, 나는 주춤했다. 한 엄마가 컴퓨터에 앉아서 보고서를 썼다. 제목을 엄마들이 상의했다. 당시 해인사 팔만대장경의 습도제어 장치가 고장 난 신문 기사를 가져오고 천연 가습기 역할을 하는 숯의 용도를 결과와 같이 연결하였다. 순식간에 제목이 결정되고 내용이 순서대로 적혀졌다. 엄마들이 머리를 맞대고 다음 문구들을 적어 나갔다. 아이들은 한쪽에서 핸드폰을 보며 낄낄거리고 같이 놀고 있었다. 순간 나는 멍해 있었다. 보고서를 쓰고 있는 엄마들에게 도움을 한 자라도 줘야 하나? 아이들에게 같이 와서 보고서의 내용을 보자고 해야 하나? 판단이 서질 않았다. 이건 아닌데…… 어영부영하는 틈에 모든 것이 끝났다. 고민했던 건 희정이가 어떻게 프로젝트를 진행할

수 있을까였는데 결국은 엄마들의 폭넓은 배경지식과 그들의 능력으로
보고서가 채워졌다. 그룹 과제라서 아이들이 하게 내버려 두고 옆에서
조언해 주자는 말이 안 나왔다. 결국, 나도 아이의 프로젝트에 참여한
부모가 되었다. 모든 것이 그렇게 흘러가는 것인가? 부모의 역량이란 것
이 이런 것인가? 심각할 새도 없이 그냥 그 자리가 마무리되었다.

제출한 과학 프로젝트는 몇 달 후 미래창조과학부 초등부 대상으로
선정되어 기념패와 상장이 아이의 학교에 배달되었다. 외부 대회 상장
에 관심 있는 초등학교가 아니라서 조용히 담임선생님이 아이에게 건네
주었다고 한다. 희정이는 한참 전의 일이라서 무엇 때문에 자신이 기념
패를 받는지도 몰랐다. 다른 멤버의 아이들은 각자 자신들의 초등학교에
서 아침 조회 시간에 전교생 앞에서 표창을 받았다고 들었다. 어느 학교
는 교문 앞에 플래카드가 걸리기도 했다. 장관상을 받은 과학 영재의 수
상을 축하한다는 내용이었다. 나는 떠들썩하지 않고 조용히 지나가는 것
이 오히려 낫다고 위로했다. 튀는 것을 싫어하는 강남 변두리 초등학교
였다. 아파트에 둘러싸여 있지 않은 학교의 분위기도 한몫했을 것이다.
같은 강남권에서도 교육 분위기가 확연히 차이가 났다. 희정이 덕분이었
는지 학원 원장의 자리 때문인지 나는 전체 극과 극을 달리는 학교를 동
시에 볼 수 있었다. 영재 교육원 엄마들의 인연은 그 뒤에도 계속되었다.

특목 중학교 선발 입시 시즌이었다. 희정이는 어학 능력이 뛰어나서 유학이 아니더라도 우리나라에서 영어로만 수업을 받는 국제 중학교가 도움을 많이 줄 것으로 생각되었다. 하지만 경쟁률이 치열하였다. 지금은 국제중 선발 기준이 지금은 희망자 원서 접수 후 추첨으로 결정된다. 하지만 희정이 때는 초등학교 성적표, 특기 적성 활동, 자기소개서와 담임선생님 추천서 등이 필수였다. 희정이는 서류 접수 1차에 합격하였고 곧 해당 학교에서 본인이 직접 추첨 공을 뽑는 2차 관문이 남았다. 설레는 마음과 긴장된 마음으로 아이의 손을 잡고 강당에 들어섰다. 정말 발 디딜 틈 없는 공간에서 아이들이 한 명씩 단상에 나갔다. 희정이도 계단에 올라섰다. 흰색 공은 탈락, 파란 공은 합격, 분홍색 공은 대기자였다. 희정이가 고개를 숙여 통 안에 손을 넣었다. 다시 빼낸 손에 쥔 공의 색이 보이지 않았다. 담당자에게 공을 건네주었다. 희정이의 모호한 표정이 합격인지 불합격인지 잘 파악되지 않았다. 강당 스크린에 희정이 이름 옆에 파란색 동그라미가 떴다. 합격이었다! 희정이와 나는 강당을 빠져나와 중학교 운동장에서 폴짝폴짝 뛰었다. 희정이는 같이 뛰다가 얼굴이 시뻘게지더니 눈물이 나온다고 했다. 나도 코끝이 찡했다. 이듬해 희정이는 초등학교를 졸업하고 국제 중학교에 입학했다.

성적 향상을
위한 책 읽기

○ 독서 논술

희정이의 국제 중학교 생활은 매일 흥미진진했다. 국어와 국사를 제외한 모든 과목이 영어로 진행되었다. 발표도 영어로 했다. 담당 과목 선생님은 교과서를 덮고 새로운 자신만의 교재를 썼다. 직접 만든 수업 교안으로 아이들에게 지도했다. 스스로 연구하는 교안이니 내용을 모두 섭렵하여 학생들에게 오롯이 전달되었다. 국어는 아예 교과서를 보지 않고 선생님이 선정한 문학을 읽고 소감문을 발표하거나 아이들에게 발췌 과제를 주고 토론하는 시간을 주었다. 근대 소설 한 장면을 두고 주인공 행동의 잘잘못에 대한 모의 법정이 열렸다. 유죄와 무죄를 두고 아이들은 자신의 견해를 뒷받침할 만한 자료와 근거를 제시해야 했다. 문학작품의 해석 후에는 소설 뒷이야기를 직접 작가의 시점에서 써 보는 글쓰기 수업도 진행되었다. 과학은 실험 과목이 따로 있고 교과 과정 이론 수업이 특이하게 진행되었다. 선생님은 칠판 앞이 아닌 학생들 뒤의 교실 사물함 앞에 섰다. 교단 위에 서 있는 사람은 항상 학생들이었다. 아이들은 순번을 정해 해당 단원을 요약정리해서 같은 반 친구들을 가르쳤다. 앉아서 듣는 학생들은 적어도 다섯 개 이상의 질문을 해야 한다. 수업 진행이 막히거나 질문 방향이 엉뚱하게 크게 벗어났을 경우만 선생님이 개입했다. 선생님은 뒤에 앉아서도 전체 수업 분위기를 컨트롤했다. 발표하는 학생도 앉아서 듣는 학생도 모두 반짝반짝 생기가 넘치는 수업이었다. 모두 참여하는 살아있는 수업이었다.

전체적인 수업 커리큘럼이 아주 마음에 들었다. 대부분의 수업에 열정이 넘쳤다. 똑같은 반복 수업이 없고 항상 연구하며 자료와 시대를 읽는 현대적인 수업이었다. 정치, 경제 같은 사회 수업은 직접 오늘내일 있는 정치적 이슈로 아이들과 토론을 했다. 희정이는 시사 용어들을 나보다도 더 많이 알게 되었다. 논설이나 칼럼 등을 읽고 자기 생각과 견해를 정리해 갔다.

이런 수업이 왜 정규 과정이나 일반 중학교에는 적용되지 않는지 너무나 안타까웠다. 학부모들과 현재 무의미한 중학교 진로 탐색 기간에 대해 말한 적이 있었다. 입시로만 내몰린다는 질책을 받기 싫어서였을까? 전 정부에서는 청소년들의 진로 탐색 기간을 중학 1학년으로 정해 두고 중간 · 기말고사를 보지 않았다. 수업은 기존과 별반 다르지 않았다. 과목도 내용도 선생님도 똑같이 진행됐다. 기존 수업과 다른 프로그램이 들어갔다는 소식은 학원 학생을 통해서도 다른 지역의 소식으로도 전혀 듣지 못했다.

희정이네 학교에서도 진로 탐색 기간이 있다. 학부모들의 봉사 활동으로 전문 직종 직업을 소개하는 시간을 가졌다. 학교가 특수목적 중학교다 보니 정말 다양한 직업군의 전문인들을 만날 기회가 많았다. 진로체험 시간에는 관심 있는 분야를 미리 아이들이 신청해서 해당 일에 수업을 안 하고 직접 직업 현장으로 갔다. 방송국에 간 친구도 있고 법원에 간 친구도 있고 정 섭외를 못 한 친구는 부모님 직장에 가는 것도 허락되었다. 하루 종일 아버지와 같이 출근해서 같이 점심을 먹고 퇴근도 같이했다. 하지만 다른 일반 중학교에서는 떼거리로 일방적인 시간 때우기로 이루어진다. 잡월드를 간다는 말에 심기가 불편했다. 유아 키자니아 프로그램이 아이들에게 다양한 직업군을 소개해 준다지만 놀이동산의 연장이었다. 현재 학교의 체험학습 진행은 단체로 테마파크나 유원지로 향한다. 체험 활동이 놀이동산으로 가는 날이 되어 마음이 편치 않았다.

정말 아이들의 수준 차이로밖에 교육 환경을 차이 지을 수 없는 것일까? 부모의 경제력으로 교육의 질에 차등 두는 게 맞는 일일까? 그 똑똑한 우리나라의 영재들은 다 어디로 가는 것일까? 획일화되고 죽어 있는 잠자는 교실에서 아무것도 못 하게 무기력을 키우는 것이 우리 아이들에게 해줄 수 있는 최선인가? 나도 맹목적인 교실 분위기가 싫었다. 암기 위주의 수업이 싫었다. 한 세대가 지났는데도 국공립학교는 내가 배웠던 그때와 크게 다르지 않게 느껴진다. 국제중 수업은 즐겁고 호기심이 가득한 학생 위주의 수업이었지만 고등학교 수업을 위한 수업으로는 한계가 있다. 우리나라의 교육은 창의적 인재 육성을 목적으로 삼지만 실상 수업은 입시 위주의 수업이기 때문이다.

희정이는 노는 것을 좋아하는 아이다. 활동성이 강한 O형이라 가만히 앉아서 공부하는 걸 싫어했다. 희정이가 다니는 국제중은 서울 전 지역에서 학생들이 다녔다. 사는 형편이나 부모들의 전문 지식도 평균보다 높을 것이다. 희정이의 생활 반경은 내가 컨트롤할 수 없을 정도로 광범위해졌다. 학기 중 그룹 숙제를 하러 간다고 모인 곳은 종로의 인사동 카페였다. 시험 끝나고 뒤풀이하는 아이들 놀이 장소는 홍대 멀티숍이었다. 친구 생일 파티에 간 곳은 명동의 번화가 뷔페였다. 웬만한 대학생들의 소비 수준과 놀이 문화를 중학교 때 경험하는 것 같았다.

학년이 올라가면서 슬슬 착실히 책도 읽고 장래의 희망 진로를 정해서 열심히 공부하기를 바랐다. 똑똑한 머리를 믿고 벼락치기로 점수가 나오는 것은 중학교까지가 한계였다. 제아무리 아이큐가 높고 영리해도 중학교 때부터 공부 습관을 들이지 않는다면 고등학교에서 무너질 것이다. 서서히 불안해졌다. 희정이와 나는 놀면서 주변을 탐색하고 공부도 놀이로 재미있게 했다. 꾸준히 앉아서 공부하는 것은 자기 몫이었다. 시험 기간에도 이어폰으로 음악만 듣고 주말에는 침대에 누워만 있었다. 움직이기 싫어하는 희정이는 점점 살이 찌기 시작했다. 그리고 나는 아이에게 한마디씩 잔소리를 하기 시작했다.

희정이 정도의 머리에 조금만 노력하면 자신이 원하는 곳은 어디든 갈 수 있으리라 생각했다. 초등학교는 학업 성적에 스트레스를 받지 않았다. 해외여행 등으로 체험학습 신청서를 내고 수업을 종종 빠져도 간극을 다 메울 수 있었다. 하지만 중학교는 달랐다. 최고의 선생님들이 자존심을 걸고 자신의 지도 방식으로 지식을 전달했다. 국제중에는 서울에서 소위 공부 잘한다는 친구들이 모여 있었다. 어느 정도 성적을 유지하려면 공부하는 노력과 마음 자세가 필요했다. 희정이는 나와 공부하는 방식이 달랐다. 나는 영어 단어 하나를 외우려면 읽고 쓰고 말하고 귀로 확인하고 다시 쓴다. 희정이는 누워서 친구가 정리한 노트를 복사하고 한눈으로 그냥 쭉 훑는다. 정말 그게 다였다. 어떻게 그렇게 공부하는지 이해가 되지 않았다. 연필을 든 적이 거의 없다. 심지어 수학도 눈으로 풀고 답만 번호를 표시했다.

이처럼 재능이 있는 아이가 노력을 안 하는 것이 이해가 안 되었다. 희정이의 시험 성적은 눈으로 요약정리만 한번 읽고 간 것치고는 잘 나왔고 학교에서 중간 정도의 성적을 유지했다. 안타까웠다. 슬슬 짜증도 났다. 믿고 보낸 아이가 노력 안 하고 즐길 생각만 하니 본전 생각이 났다. 국제중 등록금이 만만치 않았고, 동생들의 학원 보내기도 만만치 않았다. 정작 최고 교육이라 보낸 곳에서 아이가 노력해서 성적을 올릴 생각은 하지 않고 매일 채팅이고 밤새 컴퓨터에 빠져 살았다. 심각하게 불러 놓고 진지하게 이야기를 해 보았다. 장래 희망도 이야기해 보고 야단도 쳐 봤다. 원하는 목적 없이 그냥 아이에게 베풀어 줄 수도 있지만, 장래희망을 품고 인생을 설계하며 공부하고 노력하는 것은 순전히 본인의 몫이지 않은가?

그렇게 중3 고등학교 입시가 다가왔다. 결국, 희정이는 특목고 추천에 모두 떨어졌다. 내신 1등급 위주의 선발이기에 보통 과목이 2~3

등급인 희정이에겐 부족했던 모양이다. 자사고 지원 순위로 내려왔지만, 희정이는 전기고 입시를 포기했다. 사실 노력하는 모습이 보이지 않는 희정이에게 더 이상 투자할 여력도 없거니와 일반고가 강남 8학군에 속하는 터라 자사고의 교육 환경과 비슷할 거로 생각했다. 일반고를 지원하기로 하니 전기고 입시를 준비하던 친구들에 비해 상대적으로 희정이는 여유로웠다.

예전 초등 영재 교육원에 같이 아이를 보낸 한 엄마에게서 연락이 왔다. 과학 보고서에 같이 참여했던 그 엄마였다. 이전에도 몇 번 과학고 선발을 위해 미리 고등수학 과정인 미적분까지 그룹 수업을 하는데 희정이와 같이하기를 원했다. 중학 내내 벌써 수학 진도를 몇 차례 회차를 돌렸고 과학은 물리, 화학, 생물, 지구과학까지 네 과목을 순차적으로 섭렵했다. 영재고, 과학고나 의대를 지망하는 친구들이라 이과 수업에 공을 들일 수밖에 없다. 희정이는 문과를 지원할 생각이라서 팀 과외 수업을 모두 고사했었다. 이번 중3 기말고사 이후에는 논술 수업과 인문과학 독서록을 대비한 그룹 수업이라 했다. 매번 번번이 거절하기도 그렇고 문과를 지원하는 희정이에게 좋은 수업일 것 같았다. 초등까지는 어떻게 내가 같이 공부하며 시사 공부를 해 왔지만, 점차 전문화 · 고급화되는 논술 방향을 제대로 도움받을 것 같

엄마, 나 고등학교
자퇴할래요

았다. 이번에는 흔쾌한 마음으로 수업에 참여하기로 했다.

희정이를 비롯한 네 명의 여학생이 꾸려졌다. 모두 강남의 내로라하는 전교권 학생이었다. 엄마들은 아이들을 위해서 대치동 입시 학원의 커리큘럼들을 모두 꿰고 있었다. 일주일 내내 빼곡히 아이들의 학업 스케줄이 정해져 있었다. 명절이 낀 연휴나 학교 재량 수업일 등으로 적게는 3~4일, 많게는 일주일 동안 휴일이 생기기도 한다. 그 기간에 엄마들은 알뜰하게 미리 단기 특강을 찾아 아이들 스케줄에 넣었다. 대치동 학원은 1년 365일 쉬지 않는다. 심지어 학교 가기 전 새벽 6시 타임도 있다. 아이들은 숨 쉴 짬도 없이 이 학원에서 저 학원으로 옮겨 다닌다. 이동해주는 엄마의 차량 속에서 간단하게 먹을 것으로 끼니를 때운다.

단순하게 너무한다고 치부해 버려서는 안 된다. 그 부모 세대가 그렇게 치열하게 공부했고 그래서 지금의 기득권을 가졌다. 앞으로의 미래도 같다는 보장은 없지만, 학부모도 아이들도 자신의 의지에 맞게 최선을 다하는 것이다. 유행가처럼 피, 땀, 눈물 없이 얻어지는 것이 없다고 믿는 기성세대의 가치관도 아이들에게 영향을 줄 수 있다. 학생 자신도 원하고 갈등 없이 잘 받아들여지면 그들의 목표에 다가가는 방법이 되고 든든한 조력자가 된다. 판검사가 되고 과학자가 되고 의사가 되는 최고 엘리트 코스는 공부 천재가 하늘에서 뚝 떨어져

만들어지는 것이 아니다. 보통을 넘는 비범한 노력과 시간 투자가 만
드는 자리이다. 스스로 겪어보지 않고 비난하는 것은 섣부른 판단이
다. 희정이와 나는 그런 생각에서는 같은 방향이다. 전문가가 되고 최
고의 위치를 얻기 위해 희생하고 노력하는 것은 인정하지만 현재 원
하는 방향은 아니기에 수업에 전적으로 모두 참여할 수는 없었다.

각자의 스케줄이 빼곡한 아이들이라 논술 독후감 수업을 위한 시간
조정이 어려웠다. 희정이는 하는 것이 없었기에 나머지 세 아이의 시
간만 정해지면 가볍게 참석하면 되었다. 드디어 시간이 나왔다. 일요
일 아침 6시 수업이었다. 2시간 수업 후 다른 친구들은 바로 9시 수업
에 간다고 했다. 놀랄 만도 했다. 전날 늦게까지 수업 후 또 새벽 6시 논
술 수업이라니……. 학원 과제나 학교 과제는 어떻게 하는 것일까? 논
술 수업이 책을 읽는 수업인데 책을 읽는 시간은 있을까? 아직 고등학
교 시작도 아닌데 대단하다는 생각이 들었다. 무서운 생각도 들었다. 저
렇게 하는데 성적이 안 나오는 게 이상할 정도였다. 전교 1등은 아무나
하나? 그렇다고 희정이에게 그런 수업을 억지로 하게 할 수도 없다. 희
정이 스스로가 완강히 거부할 것이고 나도 그렇게 시키고 싶지 않았다.
일단 희정이가 좋아하는 논술 수업부터 필요한 것들을 차분히 준비하
면 된다고 생각했다. 흐름에 휩싸이지 않도록 정신을 바짝 차려야 했다.

진로 교육의
적합한 시기

○ 진로 교육

특목고를 진학하기 위한 희정이 친구들의 결과도 어느 정도 결정이 났다. 학교가 정해진 친구들을 보니 막상 희정이는 자신이 스스로 그동안 노력 안 했던 사실이 후회된다고 했다.

'조금 더 노력해 볼 걸…….'

희정이는 자신이 왜 놀기만 했을까 하고 스스로 자문하기 시작했다. 정작 어떤 인생을 살고 싶은지, 어느 직업을 가지고 싶은지, 어떤 공부를 하고 싶은지 모른다 했다. 목표가 없으니 주변이 허허벌판 같고 무엇을 향해 달려야 할지 모른다고 했다.

진로 고민을 같이 안 했던 것이 아니었다. 나 나름대로 다양한 경험을 쌓고 체험하기 위해 희정이 안에 있는 모든 호기심을 채워 줬다고 생각했다. 높은 비전을 가져보라고도 했고 노력하는 모습이 얼마나 중요하고 자신이 희망하는 목표에 도전하는 삶이 얼마나 가치 있는지에 관해서도 수많은 시간을 할애했다. 정작 받아들이는 것은 희정이의 몫이었다.

90년대 초 대학을 다닌 나는 나라가 한창 경제성장을 하고 발돋움할 때 청소년기를 맞이했다. 전쟁 이후 산업 시설이 전무하던 시기에 나의 부모님 세대는 열심히 터를 닦고 공장들을 세우고 하나씩 기업을 만들었다. 그 시기에는 갖춰진 곳에서 교육받는 것 자체만으로도 부러움을 샀다. 갖춰진 기본 시설에서 얼마나 성실하고 묵묵하게 공부해야 했는지 부모님의 고생으로 뼛속 깊이 느꼈다. 그렇게 단순한 주입식 교육을 오롯이 받고 자랐다. 수업시간의 질문은 허락되지 않았다. 한 교실에서 5~60명이 수업을 받았고, 진도를 맞추기 위해서 질문 하나로 다른 친구들을 방해해서는 안 되는 분위기였다. 정 궁금한 것이 있다면 체크해 두었다가 쉬는 시간에 따로 선생님께 여쭤봐야 했다.

진로는 사회에 나가게 되는 개인이 시대의 분위기와 요청에 따라 자신의 능력과 적성, 흥미와 가치관, 성격 등을 가지고 판단하게 된다. 아무런 직업 없이 집에서 자급자족하며 살겠다는 목적을 가진 이들에게는 딱히 진로 교육이란 것이 필요 없을 것이다. 하지만 사람은 무인도에서 혼자 살 수는 없다. 인간은 사회적이며, 자신을 인정하고 필요로 하는 가치 있는 일로부터 삶의 의미를 찾을 수 있다. 사회 역시 산업화, 대량화에서 분업화와 전문화로의 발전을 거쳤고, 각자는 자신의 역량에 맞는 직업을 찾게 되었다. 단순 노동과 고급 인력의 차이가 생기게 되고 의무교육 과정과 상급 학교의 수준까지 요구하는 사회가 되었다.

공부를 잘해서 좋은 대학에 가고 좋은 직장을 간다는 말은 공부를 잘하면 좀 더 사회적으로 대접을 받고 경제적으로 풍요를 가져올 수 있다는 기대감이 만든 말이다. 2~30년 전만 해도 취직해서 하루하루 성실하고 근면하게 사는 것이 지극히 정상적인 루트였다. 대학 전공과 상관없이 사는 사람들이 수두룩했다. 무조건 대학 간판만 따는 것이 필수였다. 적성이나 관심 따위는 이차적인 문제였다. 지금도 같은 논리로 진로교육을 한다면 큰 착오가 아닐까? 자녀가 원하는 공부, 원하는 직업도 없는데 무조건 대학만 나오라고 강요하지는 않는지 스스로 물어볼 필요가 있다. 지금은 오히려 대학을 안 나온 사람이 대학을 졸업한 사람보다 훨씬 드문 게 현실이다. 사회의 경제 성장률이 현저하게 줄어들고 실업률이 날로 늘어나며, 비정규직으로 인해 고용이 불안한 상태이다. 사회가 바뀌었는데 자신이 살던 90년대 밀레니엄 시대를 생각하며 무조건 대학만 가라고 말할 수는 없다. 본인이 원하고 잘하는 진로를 선택해야 한다. 결정은 본인에게 맡겨야 한다.

희정이와 몇 가지 진로 프로그램을 해 보기도 하고 서점에서 관련 책들을 찾아보기 시작했다. 어느 날 희정이는 책 하나를 들고 부리나케 내게 달려와 보여 주었다. 본인이 원하는 과를 찾았다는 것이다. 언론정보학과였다. 책 읽고 비평하는 것을 좋아하고 사회 관심 분야에서 자료를 찾아 글 쓰는 것과 사람들에게 정보를 전달하는 일이 자신의 적성에도 맞고 흥미 있는 진로가 될 것이라고 했다. 그리고는 정말 스스로 감격스러워했다. 전에 없던 하고 싶은 일이 생겨서 너무나 반갑고 의욕이 생긴다고 했다. 자신의 미래에 대해 동기 부여가 생겼다. 정말 신이 난 희정이를 보니 나도 안심이 됐고, 결국 마음가짐이 문제였다는 것을 깨달았다. 능력이 한없이 높아도 스스로 의미 있는 가치를 부여할 수 없으면 아무리 하찮은 일도 행동으로 옮기기 쉽지 않다. 그 동기 부여가 되는 일, 자신에게 맞는 일을 찾는 게 그토록 중요한 것이다. 늦게라도 찾아서 다행이라고 생각했다. 이제 목표를 향해 달려가기만 하면 된다.

자신만의 철학과 힘이 있어야 살아남을 수 있다. 경쟁을 뛰어넘는 온리 원(only one)이 되도록 미래도 아이가 직접 그리게 해야 했다. 적성과 흥미는 다르다. 적성은 어떤 분야의 재능이라 볼 수 있다. 남들과 동일 선상에서 같이 달려도 누구는 죽을 만큼 힘들게 일해도 얻는 성과가 별로 없지만, 누구는 아주 적은 노력으로도 훌륭한 성과를 남긴다. 본인에게 딱 맞는 옷, 편한 옷처럼 일에서도 편한 일이 자신의 적성에 맞는 일이다. 반면에 흥미는 말 그대로 관심사이다. 보는 것이 즐겁고 하는 것이 즐겁지만 결과가 신통치 않다면 그것은 취미 생활에 불과한 것이다. 진로의 선택은 기본적으로 적성과 흥미를 바탕으로 시작한다. 그리고 지속적인 동기 부여가 있어야 일에 추진력이 생긴다. 동기 부여는 적성과 흥미를 극대화할 수 있도록 도와주며 스스로 지식과 기술을 쌓을 수 있게 도와주는 촉매제가 된다. 적성과 흥미가 있어도 노력이 뒷받침되지 않는다면 그 분야의 지식과 기술을 쌓는 훈련이 없어서 전문성이 생기지 않는다. 진로 교육의 핵심은 적성과 흥미와 동기 부여, 이 세 가지의 삼박자를 고루 갖추는 것이다.

희정이는 중3 기말고사가 끝나고 본인 스스로 적성과 흥미와 동기 부여가 되는 자신만의 영역을 찾았다. 누가 옆에서 무엇이라고 하든 스스로 계획을 세워서 공부하기 시작했다. 중학교 3학년 교실은 모든 입시나 기말시험이 끝나고 소강 상태에 들어섰다. 학교 수업 시간에는 가르칠 내용이 없어서 매일 교실의 TV로 영화를 틀어 줬고, 그나마 오전 수업만 했다. 아이들은 여기저기 놀러 다니거나 나름대로 취미 생활을 하러 다녔다. 엄마의 마음인가, 아니면 사교육을 하더라도 교육하는 사람의 마음일까? 나는 개인적으로 이 시간이 그렇게도 아까웠다. 얼마나 황금 같은 시간인가? 이팔청춘 혈기 왕성한 나이이기도 하고 세상의 호기심도 많은 나이인데 자신의 미래를 위해 다양한 진로를 체험할 수 있는 절호의 시기가 아닐까? 초등학교를 막 졸업한 중학교 1학년의 진로체험 학습이 아니라 중3 모든 시험이 끝나고 자유로운 이 시간을 다양한 여행이나 직업 체험, 아니면 예비 사회 준비로서 아르바이트 활동으로라도 적극적으로 활용했으면 했다. 물론 공부하는 몇몇 열혈 학군들은 정신없이 이 시간에 고등 수업을 당겨 예습하곤 했다. 청개구리처럼 희정이도 계획표를 세우고 공부하기 시작했다. 부모나 누가 시킨 사항이 아니니 공부가 스스로 재미있다. 고등학교에 입학하기까지 석 달이 넘게 남았다. 스스로 고등학교 수학책을 펴고 진도를 나누어 문제를 풀었고 영어 단어를 외우고 인문과학 서적들을 읽기 시작했다. 앞으로 미래의 자신이 나아갈 진로를 계획하며 순차적으로 움직였다. 자연스럽게 모든 것이 흘러갔다. 나도 마음이 편했다.

희정이는 강남 8학군 중 하나인 여자 고등학교에 입학했다. 수업의 내용과 학교 시험 내신 점수를 따기가 그야말로 어렵기로 손꼽히는 학교 중 하나였다. 100년이 넘는 전통을 가진 학교이기도 했다. 나름 희정이는 학교에 자부심을 느끼면서 입학을 했다. 새로 맞춘 교복이 마음에 쏙 든다고 했다. 자신이 마음가짐을 단단히 하고 들어온 일반 고등학교에서의 여고생 생활이 시작되었다. 만반의 준비를 하고 교문에 들어가는 아이의 어깨에 자신감이 가득 찼다.

학급 회장은
왜 하는 건데

○ 리더십 교육

희정이는 유치원 때도 초등학교 때도 중학교 때도 집에 있
는 것보다 학교 가는 것을 더 좋아하는 아이였다. 친구들과 어울려 노
는 것을 좋아하고 호기심을 해결해 주는 선생님의 가르침을 좋아했
다. 공부가 놀이였던 아이는 의미 없는 공부에는 시큰둥했지만, 자신
이 좋아하는 것은 올인하듯이 적극적으로 공부했다. 처음 입학하고
나서 학교 친구들과 사귀면서 회장 선거에 나갔다. 운이 좋게도 서글
서글한 성격에 친구들이 희정이를 회장으로 뽑아 주었다.

고등학교에 올라가면 1학년 때 반 회장에 대한 관심이 많다. 자신
스스로 역할을 가지고 싶기 때문이다. 고등학교 2학년, 3학년보다 회

장의 부담이 확실히 적기도 하고 새 학기 시작에 대한 의욕도 다들 불타오른다. 희정이 반에도 회장 후보로 나온 친구들이 무려 여덟 명이나 되었다. 모두 한 주 전부터 공약을 A4 용지에 적어 교실 게시판에 걸어 두었고, 유세문도 직접 작성하여 선거가 진행되었다. 반 회장 선거가 치열하다는 것을 짐작한 나조차도 깜짝 놀랐다.

고등학교의 학생부 기록 사항은 바로 대학 입시와 직결되는 문제이므로 매우 민감하게 반응한다. 학생부를 어떻게 학년별로 작성하느냐에 관심이 집중되기 때문이다. 특히 내신이 상대적으로 불리한 강남에서는 수능 시험보다 수시에 집중하여 1학년 학기 초부터 관리에 들어간다. 회장단으로 기록된다면 리더십 전형을 높이 평가할 수 있었다. 학생부에 관심 있는 친구들은 스펙을 쌓기 위해서 학기 초 회장 선거에 열을 올리는 것이다.

전문 입시 컨설팅에서는 학년별로 학생부 기록의 포인트를 잡는 가이드 라인을 제시했다. 1학년 때는 새로운 환경에 적응하고 관심분야를 탐색하는 활동을 한다. 2학년에는 그 탐색 과정이 어느 정도 구체화되고, 3학년에는 경우 필요한 활동을 진행하여 전공 지원 학과와 연계가 된다면 금상첨화였다. 학생부 전체의 큰 그림을 그리며 대학 입시에 대한 스토리텔링을 만들어 낼 수 있다.

요즘 대학 입시는 정말 까다롭다. 까다롭기도 까다롭거니와 입학 전형이 너무 다양하고 복잡해서 웬만한 정보력을 가지고 준비한다는 것이 거의 불가능하다. 오죽하면 학교 선생님들도 수많은 대학교의 전형을 다 알진 못한다고 할까. 대치동에 학생부 종합 전형만 대비하는 학원이 성행하는 건 당연한 결과이다. 원하는 이는 많은데 제공하는 이들이 드물기 때문이다. 수요는 많고 공급이 적으니 당연히 학원비는 비쌀 수밖에 없다. 부르는 게 값이 되고 말았다. 얼마 전 인기가 많았던 〈SKY 캐슬〉이라는 드라마를 통해 학습 코치라는 직업이 사람들에게 알려졌다. 대치동에서는 실제로 있는 직업이다. 물론 드라마처럼 극단적이지는 않지만, 전문 학습 관리 선생님들은 꽤 오래전부터 필요에 따라 존재했다.

대학은 수시 전형과 수능 내신 전형으로 나뉜다. 수시를 보기 위해서는 수능 시험 전에 자신이 가진 스펙들을 보여주는 학생부를 잘 관리해야 한다. 학업 성취도와 인성 등을 종합적으로 관찰하고 평가한다는 것이 교육 방침이다.

학교생활기록부에는 기본적으로 학생들의 인적 사항과 학적 사항, 출결 사항, 자격증 및 인증 취득 상황, 교과 학습 발달 상황, 행동 특성 및 종합 의견 등이 각 담임 선생님에 의해 기록된다. 그밖에 스펙을 화려하게 넣는데, 학생의 수상 경력과 진로 희망 사항, 창의적 체험 활동 상황, 독서 활동 상황 등 기록하는 공간이 많다. 이 모든 것을 수시가 시작되는 3학년 2학기 전까지 2년 반 동안 부지런히 채워 나가야 한다.

성실도와 적극성, 노력 의지와 실력 향상 등을 확인하는 기록이지만 그 내막을 보면 전혀 그렇지 않다. 한 아이의 생활기록부를 만드는 것은 아이 혼자서 감당하기에는 한계가 있다. 아니 정해진 한계가 없다 보니 끊임 없이 채워야 한다. 정작 그들이 스스로 모든 일을 해냈다고 해도 0부터 10까지 모든 것을 혼자 하지는 않는다.

완벽한 준비와 순탄한 계획 과정을 위해서는 엄마의 정보력이 필요하고 아빠의 무관심이 필요하고 할아버지의 재력이 필요하며, 정작 아이가 준비해야 하는 것은 모든 것을 무조건 따라올 수 있는 체력이라는 말이 그냥 우스갯소리가 아니다.

학기 초 회장 자리를 원하던 쟁쟁한 아이들 사이에서 희정이는 반회장이 되었다. 정작 희정이는 감격스러운 기분은 그날 하루뿐이었다고 했다. 회장의 역할로 담임 선생님을 대신해서 학급 운영에 관한 많은 임무가 주어졌다. 고등학교는 중학교와 다르게 한 반의 인원수도 학급 수도 많았다. 교실과 교무실의 위치가 각각 다른 건물에 층수도

4층, 5층이었다. 담임 선생님의 전달 사항을 들으러 쉬는 시간 교무실에 달려가서 선생님의 말씀을 귀담아듣고 그대로 교실에 와서 아이들에게 전달해야 했다.

회장의 역할은 그야말로 담임 선생님과 학생들 사이를 연결하며 반 학급이 원활히 돌아가도록 돕는 일종의 봉사 활동이었다. 권력을 가지며 반을 이끄는 리더십과는 거리가 멀었다. 특히 인문계 입시 위주의 교육 현장에서는 더더욱 그랬다. 희정이도 어느 정도 각오는 하고 시작한 학급 임원의 생활이었지만 매번 심심치 않게 곤욕을 치러야 했다. 방과 후 보충 수업 신청서나 학교 행사 참여 신청서를 학생들로부터 걷으라는 담임 선생님의 전달 사항을 받게 되면, 학급 전체 반 친구들에게 전달 사항과 제출 마감 시간을 몇 번이나 말한다. 하지만 한 번도 제시간에 모든 학생이 딱 가져오는 일이 없었다. 담임 선생님은 늦게 가져오는 학생이나 제출을 못 한 학생의 책임을 반 회장에게 물었다. 제시간에 가져오지 못한 건 미리미리 반 학생들에게 잊지 않도록 반복해서 재촉하지 않았기 때문이란 이유였다.

학기 초 환경미화 심사가 있는 주간이었다. 고등학생이 되면 학급 반 미화도 선생님의 지도하에서 하지 않고, 아이들이 자율적으로 교실 뒤 게시판도 꾸미고 대청소도 하는 것 같았다. 학생들에게 자율적으로 맡기어 환경미화를 하는 것은 좋은데 현재 고등학생들의 시간은 그리 한가하지 않다. 학교 수업이 끝나면 각자의 학원 시간에 맞춰 뿔뿔이 흩어져, 한번 모이는 것이 절대 만만치 않았다. 주말을 이용해 시간을 잡아도 따로 환경미화 청소를 위해 손 걷고 나서 주는 친구는 없었다. 담임선생님이 관여하지 않고 말로만 회장을 중심으로 반 학생 전체가 환경미화를 하라고 하니 중간에서 정말 처지가 곤란해질 수밖에 없다. 친한 아이들 몇몇에게 통사정을 해 보았지만 소용없었다. 학원 시간에 얽매인 아이들도 거절하는 마음이 편치 않았을 테다. 선생님이 이보다 더 두루뭉술하게 책임을 떠넘길 수는 없었다. 결국, 희정이는 토요일, 일요일 이틀 학교에서 환경미화를 정리하다가 홀로 다하지 못하고 월요일도 새벽에 나가 겨우 게시판 하나를 정리했다고 한다. 결과에 대한 질책도 회장의 몫이었다. 맡은 지정 구역 청소를 안 하고 하교하는 친구들에게 쓴소리 한번 못 하고 애먹고 있는데, 담임 선생님은 청소 안 한 구역의 탓을 역시 희정이에게 돌렸고 반 아이들 앞에서 면박을 주었다. 회장을 잘할 것 같더니 실망이라면서……. 희정이는 스트레스와 속상한 마음을 엄마에게 풀었다. 딱히 도와줄 일도 없는 나는 그저 말로만 위로할 뿐 담임 선생님을 찾아가지도 못했다. 내 아이의 마음을 편하게 하려고 담임과 적대할 수는 없었다. 학부모는 자녀를 맡기는 처지에서 을이 된다. 생기부의 평가가 순전히 선생님의 글 몇 줄에 담겨 있기 때문이다. 심기를 건드려 이득이 될 게 없다. 현명하게 대처해야 했다.

학급 회장의 역할을 곰곰이 생각해 봤다. 바쁜 담임 선생님을 도와 학급 일의 원활한 진행을 돕는 봉사하는 자리였다. 학급 전체를 위하여 자신의 시간과 노동을 들여 청소할 수도 있다. 하지만 담임선생님의 심부름꾼으로 학급회장이 존재하는 것일까? 학생들이 미처 준비 못 한 사항까지 미리 예견하고 모든 준비를 완벽하게 맞추어야 하는 것이 반 회장의 역할은 아닐 것이다. 다른 이들이 수행 못 한 일까지 혼자서 끙끙대며 마무리하는 것이 학급을 위한 희생과 봉사 정신은 아닐 것이다.

회장의 자리는 학급 학생들을 대표하는 자리이다. 선생님의 잔심부름을 하는 심부름꾼이 아니다. 학교 행사가 있다면 학생 전체의 의견을 수렴해서 학교에 전달하는 매개체 역할을 해야 한다. 학생 개인이 준비물을 못 챙기고 유인물 확인서를 못 가져온 것을 미리 한두 번 고지할 수는 있어도 그 책임이 회장에게 떠넘겨지면 안 된다. 회장도 학생이고 고등학생으로서 지낸 경험이 없기는 마찬가지이다. 알아서 다 잘할 줄 알았는데 결과가 기준에 못 미쳤다고 실망감을 학생들 앞에서 내비칠 것이 아니라, 미리 어떤 결과가 있을지 충분히 이야기를 해 주고서 스스로 고민하도록 해야 하지 않을까? 경험한 적이 없어 아무것도 모르는데 뭘 알아서 한단 말인가? 아이들은 아이들이다. 담임

선생님을 보좌하는 교생 선생님이 아니다.

희정이는 학기 초 호되게 회장의 역할 수행을 경험했다. 학교에서 쉬는 시간마다 담임 선생님을 찾으러 교무실을 들락날락해야 하기에 화장실 갈 시간을 놓쳐서 낭패스러운 순간도 많았다. 더운 여름에도 물을 먹지 않는 습관이 생겼다고 한다. 그만큼 언제 쉬는 시간 호출이 올지 몰라서 불안해했다. 스스로 원해서 시작한 회장이니 불만이 있어도 누구에게 토로할 수도 없었다. 선생님의 짜증은 그냥 한 귀로 듣고 한 귀로 흘려야 했다. 희정이는 학업과 같이 수행하는 일에 마음이 편하지 않으니 학교생활을 조금씩 버거워하기 시작했다.

CHAPTER 5

이상한 나라의
수상한 수업

영재 죽이기

배우는 것에
기대가 없는 학교

○ 수업의 질

　희정이는 중3 시험이 모두 끝나고 다들 노는 분위기 속에서
공부를 시작했다. 청개구리처럼 공부했다. 생각해 보니 초등학교 때
도 그렇게 했다. 시험 기간에는 그동안 공부한 것들 정리하며 머리를
식히는 것이고 시험이 끝난 다음부터 다시 새로운 공부의 시작이라
고 하며, 시험 기간엔 데리고 놀러 다녔다. 꼭 시험 기간이면 벚꽃이
만발하게 마음을 설레게 했고, 불꽃놀이 축제도 시험 전날이었다. 시
험에 대한 스트레스를 풀라고 나는 아이를 데리고 놀러 다녔다. 내가
뿌린 씨앗이다. 누굴 탓하겠는가? 초등학교 공부를 나름 우습게 알았
다. 평상시 일찍 일어나는 나는 학교 가기 전 아침밥을 먹으며 기본

연산 문제를 풀게 했다. 아침에 일어나면 머리도 맑고 짧은 시간 내에 집중해서 할 수 있는 것이 수학 연산 문제였다. 늦잠을 자고 허둥지둥 지각할까 봐 정신없이 서두르는 생활보다는, 여유 있게 일어나 맛있게 아침을 먹으며 맑은 정신으로 연산 문제를 한두 장 풀고 학교에 가면 깨어난 머리가 공부의 학습 능률도 올려줄 것이라 믿었다. 그 덕인지 아이들 모두 늦잠 없는 아침형 인간이 되었다. 깨우지 않아도 스스로 일어나 세수 후 식탁 앞에 문제집을 들고 와 앉았었다. 학교 다녀와서는 꾸준히 책을 여러 방면으로 읽게 했다. 매일 밤 잠들기 전에 책을 읽어 주었다. 공부는 습관이고 습관의 차이는 단시간 벼락치기와 비교할 수 없게 아이들의 학습 능력을 향상시켜 줄 것이라 믿었다. 어린 희정이는 잘 따라와 주었다.

국제중학교에 다녔던 희정이는 생활 활동 범위가 넓어졌다. 새벽 6시 20분에 학교 셔틀버스를 탔다. 중학생이 된 희정이는 몸도 생각도 커졌다. 사춘기가 오기도 했고 다른 아이들의 행동도 눈에 들어왔다. 공부만 파는 노력파가 되기보다는 자신의 미래를 위해 시간을 투자하고 고민하고 행동하는 아이가 되기를 바랐다. 자연스레 아이의 행동을 제어하기가 힘들어졌다. 학교 가는 것이 제일 재미있다는 희정이는 즐거운 공부와 더불어 즐거운 사회생활로 영역을 넓혀 갔다.

나는 80년대 중고등학교에 다녔고 90년대 대학을 나왔다. IMF를 겪어 온 나라가 멘붕인 시대를 겪었고 금 모으기 운동 등으로 다시 사회가 회생하는 것도 봤다. 착실하게 앉아 맹목적인 노력이 아닌 호기심으로 새롭고 도전적인 일에 올인하듯 전력투구하는 스타일이 나의 공부법이다. 지루하고 목표가 없는 공부는 무의미했다. 그래도 기성세대의 기본 관념이 있는지라 근면과 성실을 강조했다. 노력 앞에는 어떤 목표도 넘지 못할 벽이 없으며, "하면 된다!"라는 새마을 운동의 기본 마인드가 뼛속 깊이 박혀있는 나이였다. 내가 희정이에게 즐기며 공부를 하라고 했던 것은 생활과 별개로 동떨어져 공부하는게 아니라, 자신에게 최선을 다하며 공부를 의미 있는 삶의 현장으로 가져오기를 바라는 마음에서였다.

희정이는 나의 교육관을 바탕으로 새로운 사회 분위기가 녹아 있는 신세대 학습법을 익혔다. 손으로 펜을 쥐고 수십 수백 번씩 깜지에 적어 가며 외우는 공부를 하지 않았다. 그냥 눈으로 한번 쓱 훑어보고 머리에 남는 것을 기억해 냈다. 나는 매번 신기해하며 어떻게 그런 것들이 가능한지 뇌 구조를 확인하고 싶었다. 희정이는 손으로 무엇을 쓰며 하는 것을 너무나 싫어했다. 책상에 앉기만 하면 졸아서 아예 침대에 누워서 공부했다. 항상 핸드폰을 쥐고 있었고, 핸드폰이 없으면 더 불안하다 했다. 그렇게 중학교 생활을 서울 전 지역으로 친구들과 사회 지리 탐구를 하며 놀러 다닌 희정이는 고등학교에 올라갔다.

그래도 대한민국에서 교육열이 최대인 후끈한 강남 대치동인데 고등학교면 으레 사교육에 도움을 받아야 하지 않을까? 나도 수학 학원을 하고는 있지만, 엄청난 사교육을 다니며 막대한 학습량의 공부가 가능한 아이들이 정말 신기할 따름이었다. 그런 아이들과 다른 희정이의 학습 방법을 약간 불편해하다가 성적이 조금 떨어지자 마음이 불안해졌다. 수학은 아니더라도 영어는 학원에 다니자고 했다. 희정이가 다니는 고등학교는 내신으로 악명이 높았다. 대학 수능 시험의 영어가 절대 평가로 바뀌었는데도 내신 영어는 정말 상상을 초월했다. 모든 모의고사 지문과 학교의 족보 문제들을 보면, 정해진 시간과 지문의 양, 길이에 숨이 턱 막혔다. 영어 시험 문제를 해석해서 한글 지문을 보더라도 그 문제 풀이가 쉽지 않았다. 외국인들도 이해하기 힘들어하는 영어 공부는 더 이상 영어 능력을 향상한다기보다 영어 능력이 특출한 아이와 그렇지 않은 아이를 분별하는 시험이었다. 강남 학교의 내신은 과목의 학습 목표를 위한 것이 아니라 서열을 만들기 위한 변별력 문제였다.

그래도 나름대로 걱정이 되었던지 희정이는 학원을 완강히 거부하다가 학교별 내신에 맞춰 지도해 주는 학원에 다니기 시작했다. 영어 학원은 일주일에 두 번, 하루 세 시간이지만 과제를 못했다거나 테스트에 통과하지 못하면 네 시간이고 다섯 시간이고 남겨졌다. 해야 할 분량을 다 마치고 학원 선생님께 허락을 맡고 나서야 집에 돌아갈 수 있었다. 학원 교재를 보면 담당 선생님들의 노력이 정말 가상할 정도로 혀가 내둘러졌다. 그 수많은 지문 자료를 어디서 다 뽑고 단어를 찾고 문법 구문을 분석하는지 모르겠다. 전공이 아니어서 놀라울 정도가 아니다. 매시간 자료량이 거의 폭발했다. 희정이는 남아서 공부한 적은 없지만 공부하는 기계 같은 그 수업 분위기를 견디지 못했다. 영어로 외국인과 회화가 가능한 아이였다. 왜 자신이 그런 공부를 해야 하는지 따지기 시작했다.

원하는 대학에 가고 원하는 점수를 얻으려면 노력을 해서 좋은 점수 받는 것이 당연한데, 희정이의 사고로는 모든 것이 불합리하고 의욕을 꺾는 일이 되었다. 결국에는 자신이 왜 영어 학원을 가지 말아야 하는지를 A4용지 2장에 빽빽이 적어 내게 제출하기까지 했다. 이유는 영어 공부에 대한 자기 생각과 다르게 그저 폭발하는 단어 외우기와 무의미한 지문 해석을 시키는 교육에 반대한다는 이유였다. 엄마의 처지에서는 논리도 빈틈이 많고 영어 학원을 가기 싫다는 변명으로 들렸지만, 아이의 마음이 느껴졌다. 이렇게 완강히 버티는 아이에게 이유를 조목조목 허점을 들어 설명한다 해도 마음은 이미 떠났다. 억지로 공부시킬 명목도 없고 강제성도 무의미하게 느껴졌다. 결국, 희정이에게 사교육 없이 학교 수업만으로 스스로 공부하겠다는 다짐을 받고 모든 학원 수업을 그만뒀다.

희정이는 다시 자신이 원하는 대로 고등학교 생활을 시작했다. 자신이 가고 싶은 학교와 전공이 있었고 무엇보다도 신학기에 원하는 회장도 하고 적극적으로 모든 수업에 임했다. 걱정했던 3월 모의고사 성적도 나쁘지 않았다. 하지만 정작 나만 걱정하고 있었다. 엄마의 노파심이고 기우이기도 하지만 사실이었다. 고등학교 수학을 기본 서너 번 반복하고 고등학교를 시작하는 아이들이다. 대치동 학원가에서 방학이나 휴일이나 연휴나 빠짐없이 그들의 엄마에 의해 닳고 닳도록 수업을 반복했던 아이들이었다. 내신 따기가 정말 하늘의 별 따기란 것을 알았다. 아무리 머리가 좋은 희정이라도 노력하고 반복하는 전교 상위권 아이들과 경쟁하기에는 턱없이 부족했다. 3월 모의고사는 중학교 과정이라 좋은 성적이 나올 수 있지만 이후 다른 도움 없이 스스로 공부하기에는 더없이 힘들 것으로 생각되었다. 미리 예견된 성적표를 보는 듯했다.

내가 만약 입시 정보도 모르고 대치동 아이들이 어떻게 공부하는지도 몰랐다면 희정이가 스스로 공부해 보겠다는 말을 기특하게 여겼을 것이다. 하지만 사회는 그리 호락호락하지 않고 생각대로 모든 것이 되지 않는다는 것을 알고 있었다. 희정이의 자발적인 고등학교 생활이 어리석어 보였다. 여유 부리며 학업 공부 외에 다른 일을 하는 것이 못마땅했고 책상 위에서 끄덕끄덕 조는 모습이 한심했다. 지금 그 시간에 너의 경쟁자들은 달리고 있다고!

희정이는 늘 자신의 방식대로 수업시간 선생님과 아이 콘택트를 하며 수업을 즐기려 했다. 선생님이 하는 말을 이해하고 그 시간의 수업 목표에 맞게 수업 시간에는 오로지 수업에 올인하며 모르는 것을 알려는 의지로 호기심을 채워 갔다. 따뜻한 봄날 점심을 먹고 난 나른한 5교시 수업에 학생의 절반 이상이 잠을 잔다고 했다. 희정이는 수업 분위기에 의아해했다. 이전 중학교 수업시간에도 조는 학생은 있었다. 하지만 이렇게 선생님이 앞에서 설명하는데 대놓고 엎드려 자는 친구는 없었다. 스스로 졸고 있다고 알아챈 학생은 교실 뒤에 있는 스탠드 책상에 서서 공부에 집중하려 했고 선생님도 아이들의 졸음을 깨워 주기 위해 잠시 다른 이야기로 웃게도 해 주는 등, 전체적으로 선생님과 학생이 같이 수업을 만든다는 느낌이 강했다.

수업 시간에 강의를 집중하며 들으려 했던 희정이는 대다수 엎드려 자는 학생들 속에서 겨우 잠긴 눈을 부릅뜨며 선생님 말씀에 집중하려 했다. 선생님은 졸고 있는 아이들을 볼 자신이 없다. 누가 아이들이 자는 자장가 수업을 하길 원하겠는가? 선생님도 스스로 자존심도 상하고 수업의 열의와 의욕이 많이 떨어졌을 테다. 희정이는 기를 쓰고 선생님이 말하는 바를 해석하고 이해하려 했지만, 정작 선생님은 수업 시간에 한 번도 학생들을 쳐다보지 않는다고 했다. 혼자서 웅얼거리는 소리가 도대체 무엇을 말하는지 모르겠고 몇 번 질문했다가 친구들의 눈초리가 따가워 그냥 포기하게 되더란다.

질문하면 나대는 아이로 낙인이 찍힌다. 다들 아는 것인데 모르는 것을 질문하면 비웃음을 당하기 쉽고 남들도 다 모르는 것을 질문하면 혼자 잘난 체한다고 왕따를 당한다. 질문이 없고 궁금한 것이 없고 발전이 없고 생각이 없는 죽은 교실, 그런 교실로 대한민국 수업 시간은 진행되었다. 무기력과 의욕 상실을 키우는 교실에서 아이들은 무엇을 배울까?

나는 희정이의 말을 듣고 같은 반 학부모 모임 때 잠깐 선생님들의 수업방식에 대해 말한 적이 있다. 아이들을 쳐다보지 않고 수업을 한다는 것이 속상해서 의미 없이 한마디 건넸는데 어느 어머니 한 분이

웃으며 받아쳤다.

"누가 학교 수업을 들어요? 그래서 다 학원에 가는 거지."

학교 수업만 믿고 있는 순진한 어린 양에게 당연한 말을 입 아프게 한다는 말투였다. 나는 속으로 내심 놀랐다. 공공연히 학원 수업으로 전 과목을 다닌다는 말이 사실이구나. 수년간 중고등학교 학생을 가르쳐왔으면서도 정작 고등학생 학부모가 처음 되어서야 대한민국 교육 현장의 분위기를 몸소 체험하며 알게 되었다.

상위권 학생부
종합 전형의 비밀

○ 배움의 경제 논리

대한민국 고등학교의 교육이 어떻게 이루어지고 있는지 알고 있는가? 고등학교의 교육 목표는 무엇일까? 대학을 가기 위한 전 초기지인가? 교육의 궁극적인 목적이 대학인가? 왜 대학에 가는가?

나는 교육학을 전공하지도 따로 공부하지도 않았다. 다만 내 아이들 교육의 현재 모습이니 평범한 엄마로서 당연히 갖는 의구심과 관심이 많을 뿐이다. 난 내 아이들이 좋은 환경에서 최고의 교육을 받기를 원한다. 아이가 물론 원할 때이다. 아이도 아이의 인생에 선택할 권리를 주어야 한다고 믿는다. 다만 올바로 선택하기 위한 기본적인 정보를 주는 것이 내 역할이라 생각했다.

희정이와 어려서부터 끊임없이 왜 공부를 해야 하는가에 대해 서로 이야기를 주고받았다. 보고 즐기는 것이 다가 아니었기에, 원하는 것을 위해 노력해야 하는 과정이 무엇보다 중요하다고 말해 왔다. 결과가 좋지 않아도 내가 최선을 다했다면 후회 없는 결과가 될 것이라고 말했었다. 희정이는 원하는 공부가 있었고 자기 스스로의 힘으로 과정을 차근차근 밟아 가기로 했다. 학교 자율 학습을 신청했고 혼자 과목별 스케줄을 잡아 공부해 갔다. 내신은 무시할 수 없는 단기 목표로 대학 입학의 조건이 되기 때문이다. 혼자서 꾸려 가는 희정이를 보면 걱정이 되었다. 현실이 녹록지 않다는 걸 나는 알고 있었다. 내신 1등급의 아이들은 하루에 앉아있는 시간이 그야말로 상상을 초월했다. 인고와 노력의 결과로 자신의 성적을 만들어 갔다.

횟수로 따지면 20년 이상 학생들을 가르쳤다. 사교육 업계에 몸을 담고 나름대로 관심과 열정을 가지고 살았어도 정작 대한민국 고등교육의 현장이 어떠한지 알지 못했다. 고등학교의 교육 목표를 찾아보았다. 학생의 적성과 소질에 맞는 진로를 개척하고 세계 시민 자질을 함양한다고 교육부의 교육 지침 방향이 나와 있었다. 초등 1학년부터 고등 1학년까지 10년 동안 국민 기본 공통 수업을 받고 고등학교 2~3학년에 선택 과목을 중심으로 진로 교육의 방향을 잡는다. 정작 피부로 느끼는 현실은 우리나라 모든 교육의 목표가 입시 위주로 내몰리고 있었다. 대한민국은 입시 공화국 같다. 나도 희정이도 고등학교에 입학한 이후 이 시각에서 벗어나지 못했다.

내가 고민한 문제는 이런 것이었다. 우리나라 최고의 학부인 서울대는 누가 가는 것일까? 당연히 학업 성적이 우수한 인재를 뽑는 것이 우리가 아는 상식이다. 대한민국에 살면서 한국 대학에 입학하기 위해서는 대학 입시를 치러야 한다. 대입 입학 전형을 알고 있는가? 나도 고등학교 자녀를 두기 전까지 정확히 알지 못했다. 학교마다 전형이 다르고 입학 기준이 다르고 해마다 그 내용이 조금씩 바뀌기 때문이다.

일단 대학을 가고자 하는 이들에게 도움이 되고자 내가 알아본 입시에 대해 말하고자 한다. 큰 틀에서 보면 대학 전형은 수시와 정시 두 가지로 나눌 수 있다. 수시는 학생부 위주의 전형을 말하며 정시는 수능 위주의 전형을 말한다. 수시 지원은 수능보다 한 달 앞서서 치러진다. 2020년 대입 기준 수시는 77.3%이고 정시는 22.7%로 해마다 수시의 비중이 점점 늘어나고 있다. 수시는 다시 학생부 교과 전형, 학생부 종합전형, 대학별 논술 전형, 실기와 실적 위주의 전형 등 그 내용과 형식이 각양각색이다. 우리나라의 대학은 한국대학협회 등록 기준 4년제 222개, 전문대는 178개로 합계 400개가 있다. 각기 다른 대학교는 가, 나, 다 3개의 학군으로 나뉘며 시험 일자가 겹치지 않는다면 학군별로 6군데까지 지원할 수 있다. 합격이 정해지면 최초 정한 대학이 확정된다. 나중에 치러질 수능 시험은 최저 학점을 맞추거나 내신으로 그냥 확정되는 사례도 있다. 수시에 합격한 사람은 정시지원을 할 수 없다. 수능 만점을 받은 학생이 서울대 시험을 볼 수 없었다. 바로 수시에 합격했기 때문인데 이를 두고 이른바 '수시납치'라한다. 정시는 수능시험 결과로 지원할 수 있는 제도이다. 여기에 고른 기회 특별 전형과 지역 인재 특별 전형도 있는데 해마다 대학 정원은 줄어드는 한편, 특별 전형의 모집 인원은 증가하는 추세이다. 고른 기회 전형은 국가보훈대상자, 농어촌 학생, 기초 생활 수급자, 차상위계층, 한 부모 지원 대상자, 특성화 고교 졸업자, 장애인, 서해 5도 학생, 만학도, 지역 인재 등 사회적 배려 대상자를 위한 전형을 말한다. 학교마다 정해진 기준이 다르므로 많은 정보가 필요하다. 필요한 정보를 모았다고 해도 어떻게 준비해야 입학 사정에 적합할지 잘 알 수 없다. 어떻게 돌아가는지 제대로 준비하지 않으면 절대 원하는 곳에 갈 수 없기에 대학에 합격하기를 원한다면 미리미리 알아 두어야 한다.

수시전형 중 학생부 교과 전형이란 한마디로 내신 전형이다. 학생부 교과 성적 90%와 비교과 출결 10%를 반영하여 합격이 결정된다. 전국에 수많은 고등학교가 있다. 2018년 현재 2,358개의 고등학교가 있으니 전교 1등만 2,358명이다. 문 · 이과를 나누고 예체능 계열로 분과를 하면 고등학교 숫자의 두세 배가 넘는 5,000명 이상이 전교 1등이다. 하지만 그들 모두가 서울대에 가지는 않는다. 해외 유학을 가거나 다른 학교를 지원할 수도 있다. 그러나 학생부 교과 전형은 내신 1등급의 경쟁만으로도 치열하다. 내신으로만 학생을 선발하는 것을 우려해 학생부 종합 전형이란 것이 나왔다. 학교에서 기록하는 학생부는 교과 성적을 기록하는 내신 등급 이외의 것들도 기록되어 있다. 봉사 활동, 동아리 활동, 독서 활동 등 비교과 내신으로 학생부 종합전형을 준비하게 된다.

학력고사 세대였던 나는 대학의 합격 여부가 일 년에 단 하루 치러진 시험에 의해 결정된 시기에 살았다. 당일 지독한 감기라도 앓고 컨디션이 최악인 것도 개인이 건강 관리를 소홀히 한 탓이고 당일 불의의 사고로 시험을 볼 수 없는 상황도 개인의 탓이었다. 초등 6년, 중등 3년, 고등 3년의 모든 결과를 단 하루의 시험 결과로 평가받아야 했다. 지금은 그때보다 다방면에서 우수한 인재를 선발한다. 분명 발전은 있다. 선발 기준의 다각화 면에서는 발전으로 보이나 접근 방법은 그 어느 시기보다 훨씬 어려워졌다.

다시 대학 입시 전형을 정리하자면 크게 수시와 정시, 두 가지로 나눠 볼 수 있다. 수시는 10월부터 각 대학에서 자체적으로 선발한다. 시험이 없이 준비 서류를 미리 제출하고 학생 개인 면담을 하는 형식이다. 수시 준비 서류는 합격 여부를 가리는 데 중요하다. 학생생활기록부(줄여서 생기부)와 자기 소개서, 일부 학과는 추천서까지도 필요하다. 검정고시 출신이나 고등학교를 졸업한 지 오래된 사람은 수능시험이나 논술 성적 등으로 매기게 된다. 학생부 종합 전형이 수시의 핵심이다 보니 고등학교에 입학한 순간부터 차곡차곡 쌓이는 생기부에 목을 매게 된다. 수시의 비중이 점차 확대되기 때문에 결코 무시할 수 없는 전형이다. 수시전형은 다시 4가지로 크게 나뉜다. 학생부 종합 전형, 학생부 교과 전형, 논술 전형, 특기자 전형이다.

학생부 종합 전형은 내신 성적뿐만 아니라 수상, 자격증, 진로, 창의적 체험 활동, 교과 학습, 독서, 행동 발달 등 학교생활기록부 거의 모든 요소를 종합적으로 평가하여 선발하는 전형이다. 자기소개서와 교사 추천서도 때에 따라서는 필요하다. 수험생들이 선호하는 상위권 대학들은 학생부 종합 전형의 비중이 높다. 학생부 교과 전형은 내신 성적만 반영하는 전형이었다. 학교별 성적 편차를 고려하지 않기 때문에 내신이 치열한 희정이네 학교 같은 곳에서는 상대적으로 불리한 전형이었다. 논술 전형은 인문사회계 논술과 자연계 논술로 구분된다. 주어진 제시문의 틀 안에서 논지를 전개하는 방식이었다. 특기자 전형은 어학 특기자, 과학 특기자 등 여러 전형이 있으나 뽑는 인원도 적고 학교마다 제한 인원이 있다.

학생부 종합 전형으로 수시의 비중이 해마다 높아지고 있는데, 이는 금수저 전형이라 불릴 만큼 비판의 소리가 높다. 학생부에 스펙을 다는 일이었는데, 아이의 활동을 한 줄을 적는 일이 생각보다 쉽지 않다는 것을 몸소 깨달았다. 중3 방학 때 같이 논술 독서 그룹 수업을 진행했던 엄마들에게서 연락이 왔다. 공교롭게도 같이 진행한 친구들 4명 중 3명이 희정이와 같은 학교가 된 것이다. 초등 영재원의 인연이 고등학교의 묻지마 과외 그룹까지 이어졌다. 이번엔 창의적 체험 활동으로 자치 동아리를 만들어 보자는 제안이 들어왔다. 학교 내에는 방과 후 활동 중에 동아리 활동이 있었다. 인기가 높은 동아리는 미래의 희망 전공 학과와 유사하게 공통 맥락이 같았다. 인기 동아리는 선배가 면접을 보고 신입생들의 합격 여부를 결정했다.

기존 학내 동아리 외에 새로 마음이 맞는 친구들이 모여 자치 동아리를 만들 수 있었다. 취지와 활동 목표들을 정한 뒤에 해당 연관 과목 선생님을 지도 선생님으로 모셔 와야 한다. 이 역시 학생부 종합전형의 스펙 한 줄이 달려 있기에 경쟁이 치열하다. 미리 서둘러 선생님께 부탁하지 않으면 중간에 낭패를 볼 수도 있다. 기껏 만든 동아리에 담당 선생님이 없다면, 자치 동아리 활동은 학생부에 기록되지 않는다. 담당 선생님이 하는 활동은 딱히 없다. 아이들이 매 차시 준비한 목표와 활동의 처음과 마지막에 한두 번 정도 미팅이 있을 뿐이다. 전적으로 학생들의 몫인데, 필요에 따라 학생들이 공통 관심사를 찾고 모임을 준비하기엔 시간이 부족하다. 학부모가 나서서 성적이 비슷하고 나름의 친목으로 아이들을 묶어 준다. 얼떨결에 희정이도 한 자치 동아리에 속했다. 엄마들의 인맥 모임으로 묶였다. 아이들이 학원 등으로 너무나 바쁜 생활을 하고 있었기에 자치 동아리 준비 모임은 엄마들이 모여 했다. 동아리 주제를 정하고 자신의 자녀가 맡아 조사할 파트를 정했다. 환경 문제에 관한 주제였다. 정한 분량을 토론 주제로 잡고 찬반 토론 대본을 각자 써오기로 했다. 아이들은 정한 시간에 한 달에 한 번씩 환경 문제에 대해 찬반 대본을 읽고 토론하는 동영상을 찍어 제출했다. 나는 맡아 조사할 내용을 적으며 속으로 생각했다.

'순전히 엄마들의 숙제군.'

그렇다고 모임을 못 하겠다고 나갈 배짱도 없었다. 내 아이 생기부에 쓸 스펙을 만드는 일이고 좋은 아이들과 인맥을 만드는 모임인데 함께하는 것에 감사해야 했다. 그래도 속마음이 마냥 편치 않은 것도 사실이었다. 초등 과학 동아리의 악몽이 다시 떠올랐다. 이건 아닌데 하면서도 내 아이의 학생부에 남는 한 줄의 기록에 발목이 잡혀 섣불리 박차고 나오지 못했다.

  희정이 말로는 학생부 기록 때문에 과학 관련 연구 주제를 잡은 한 친구가 독자적인 프로젝트를 진행하고 있다고 했다. 물론 학생부 종합 전형에 기록할 내용의 콘텐츠를 하나 개발한 것이었다. 그 친구는 반 아이들에게 설문 조사를 의뢰하면서 교단 앞에서 도움을 청했다고 한다. 모두의 반응이 시큰둥 하자 적극적으로 설문 조사에 응해준 친구에게 문화 상품권을 나눠 주겠다고 아이들에게 선전했다. 문화 상품권에 혹한 아이들이 설문조사에 응했고 과학 개인 연구 주제를 무사히 마쳤다고 했다. 개인의 노력이 필요한 개인적 스펙 관리임이 틀림없었다. 그러나 도저히 학생 혼자의 힘으로는 시도할 수도 없고 내용을 정리해 결과물을 만들 수도 없었다. 학부모나 사설 기관에서 학생부 관리 선생님이나 하다못해 반 친구들에게 문화상품권도 돌려야 뭐든 만들 수 있는 스펙 관리였다. 경제력, 정보력 게임이다. 학생들 사이에서 수군대기도 일쑤고 활동의 부류를 나누는 일종의 보이지 않는 선이 그어졌다.

학생부 종합 전형에 완벽은 없다. 완성도 없고 한계도 없다. 고등학교 3년 동안 아이들은 독서 활동으로 서울대 추천 인문과학 추천 도서들을 빼곡히 써 놓는다. 〈이기적 유전자〉, 〈리바이어던〉, 〈종의 기원〉, 〈사회계약설〉, 〈국부론〉 등등 책을 읽으며 자신의 성장 과정에 맞게 자아를 확장하는 역할도 할 수 있다. 어른들도 읽기 힘든 인문 서적을 일주일에 한 번꼴로 읽는다. 내신이 치열한 고등학교에서는 매일 7~8교시 수업이 끝난다. 자정이 넘은 시간까지 학원 보충 수업에 학습 과제에 치이고 주말도 빽빽한 일정이었다. 무엇을 측정하는 것인지 모두가 느낄 수 있다. 정보를 끊임없이 물어다 주는 어미 새와 그것을 아무 생각이나 반항 없이 부지런히 맹목적으로 쪼아대는 새끼 새. 경제력이 뒷받침되어 효율적이고 영양가 있는 정보 음식을 먹는 아이들. 학교에서는 대외 평가를 위해 그런 친구들에게 몰아주기로 수상 경력을 쌓아 준다. 상위권 대학이 선택하기 쉽도록 새끼 새에게 1등 목걸이를 걸어 준다. 반짝반짝 눈부시도록. 더욱 눈에 확실히 들어오도록. 올인하여 투자를 했다. 틀 안에 있으면 얼마나 이상하게 흘러가는지 몰랐다. 지금 마음이 아니라고 불편을 느껴도 우물 밖의 세상을 모르기에 틀을 깨고 나오기 힘들었다. 고등학생을 둔 학부모의 마음은 정해진 룰 속에서 아이가 잘 성장하기를 바랄 뿐이었다. 눈을 씻고 좀 더 현명하게 바라봐야 했었다.

무기력을
생산하는 공부

○ 자존감 추락 동조 수업

희정이는 학기 초 정말 열심히 학교에 다녔다. 매일 일찍 등교해서 자신이 할 일들을 체크하고, 학교 수업 준비며 교실 정리도 확인하고, 담임선생님의 조회 내용도 반 아이들에게 전달해야 했다. 학교 수업만으로도 성적이 나올 수 있다고 믿으며 열심히 내용을 필기하고 늦은 시간까지 야간 자율 학습을 했다. 첫 중간 시험이 되었다. 기진맥진 밤샘 공부를 하고 시험지를 받아든 순간 희정이는 멘붕에 빠졌다. 수업시간에 나온 내용이 전혀 아니었다. 교과서 어느 지문에서 발췌되었는지도 모르겠고 나눠 준 프린트 어느 구석에 있는지도 전혀 확인할 수 없었다. 일단 경악스러운 것은 지문과 문제량이 50분

안에 풀 내용이 전혀 아니었다. 문제 유출로 혹여 미리 봐서 답을 달 달 외우고 시험에 들어갔다 하더라도 만점을 못 맞을 것이라고 했다. 풀이 죽어 일주일을 보낸 희정이가 더욱더 자존감이 떨어진 것은 그 와중에도 정말 만점이 나온 아이들이 있다는 사실이었다. 나는 이미 알고 있었다. 희정이가 학교 수업과 자신의 방식으로 천천히 하나하나 이해하고 암기하며 시험에 대비하면, 한 5년 정도 거치면 완벽하게 만점을 맞을 수 있다는 사실을 말이다. 이미 학교 최상위권 아이들은 입시 내신 공부를 위해 몇 년 전부터 수도 없이 문제를 풀고 외우고 준비해 왔다. 그들의 노력과 인내심이 이제 하나하나 성과로 나타나는 것이다.

강남에서도 중학교 1학년은 시험을 보지 않는다. 이 시기는 진로 탐색 기간이었다. 명확히 나는 이것이 정말 아이들의 성적을 가르는 일종의 보이지 않는 함정을 파 놓은 것 같았다. 국가는 아이들을 위한 정책이라며 진로 탐색의 시간을 주고 자유롭게 탐색하라고 한다. 그 법을 만들고 통과시킨 이들의 자녀들은 엄청 달리고 있으면서 말이다. 입시 달리기 경주가 시작되었는데 거북이들에게 쉬는 장소와 시간을 주며 마음 편히 가지라고 하고 정작 온갖 특수 장비들을 부착한 발 빠른 토끼들은 뻥 뚫린 길을 무서운 속도로 질주하고 있었다. 평범하게 공부하는 아이들과 심한 격차를 벌려 놓고는 진로 탐색을 위한 어떤 획기적인 프로그램도 없다. 직업의 다양성을 교육하지도 않고 개별의 과제로 여겼다. 정부 정책과 학교 방침을 믿는 순진한 학부모는 그렇게 착하게 아이들이 원하는 대로 한 학년을 놀린다. 성적 확인을 할 수 없으니 내 아이 수준을 확인할 수 없다. 경제적으로 강력한 뒷받침과 이끌어 주는 가이드선 없이, 스스로의 열정적 에너지만 가지고 개척형으로 공부하는 아이가 있다. 뒷받침해 줄 든든한 부모님과 좋은 성적을 이끌어 주는 선생님들을 갖추고 공격형으로 공부하는 아이가 있다. 둘의 차이는 고속도로를 주행하는 고급 세단을 모는 운전자와 자전거를 탄 아이의 경주일 수 밖에 없다. 물론 운전자의 자질은 자전거를 탄 아이가 더 우수할 수도 있다. 그러나 이건 공정한 게임이 될 수 없다.

이 대목에서 나는 정말 어쩌면 평범한 이들을 눈 가리고 아웅 하기 위한 우민화 정책을 쓰고 있는 것이 아닌지 걱정이 되었다. 놀아도 된다는 한 해의 커리큘럼을 만든 나라님들이 정작 자신의 자녀들도 "한 해 진로 고민을 위해 놀아 봐라" 하고 그냥 놔두는 것이 사실인지 묻고 싶은 것이다. 나도 그 상황을 알고 있으면서도 희정이에게 선행을 강요하지 못했다. 아니 똑똑한 아이라 잘할 수 있을 것이라 믿은 것도 있고 주입식 교육을 너무나 싫어하는 아이의 특성을 알고 있었기 때문이기도 했다.

그렇게 주어지고 받아 쥔 고급 정보와 공부 스킬을 익힌 학생들은 단연 학업 내신이 좋을 수밖에 없다. 그렇게 착하게 받아 주는 것이 아이들의 성적이 나오는 비결이다. 반항이나 창조적인 어떤 생각도 받아 줄 수 없다. 고등학교 내신 시험이란 것은 창의적인 어떠한 답도 용납하지 않는다. 질문을 허락하지 않고 그저 본 대로 쓰여 있는 대로 암기하고 잊지 않고 바로 적어 쓰기만 하면 된다. 암기의 신동이 절대적으로 유리한 우리나라 내신이고 대학에서 뽑는 우수한 인재이다. 학생부 종합 전형을 위해 경제력으로 모셔 온 수많은 전문가가 한 아이를 둘러싸고 분석을 한다. 아이를 어느 대학의 기준에 맞게 보기 좋게 포장할지 그것을 고민한다. 내신이 약하면 논술 전형으로 해당 대학의 담당 교수의 입맛에 맞는 답안을 미리 적어보고 익히고 암기한다. 그 교수의 스타일을 분석하고 과거 논술 유형을 분석한다. 그것이 전문 입시 컨설팅의 생존 전략이다. 한 아이당 몇천만 원은 우습다.

예체능 입시는 더욱 심하다. 체대를 가려고 처음부터 준비하는 학생은 몇 퍼센트 없다. 고3에 내신은 바닥이지만 그래도 대학은 가야겠는, 운동을 좋아하는 아이들이다. 공부보다 매일 아이들과 농구하고 축구하고 이런 것을 당연하게 좋아하는 아이들을 가진 부모는 지푸라기 잡는 심정으로 체대 입시를 준비한다. 그런 학부모와 입시생을 타깃으로 대치동에는 체대 입시 학원도 성행한다. 하루 종일 피티하고, 트레이닝 하고 단련 코스를 받는다. 이것도 몇 달에 몇천만 원이 우습다. 몇백 단위가 아니다. 그냥 말만 하면 후딱 넘어가는 것이 몇천이다. 공부를 잘하고 우수한 학생이 돈을 번다고 생각하는가? 아니다. 지방 어느 고등학교 출신의 전교 1등이 자신이 원하는 대학을 간다고 생각하는가? 모든 것이 컨설팅으로 이루어진다. 혼자서 대학의 입시 전형을 준비하여 합격하는 사례는 정말 가물에 콩 나듯 한다.

희정이는 중간고사 성적도 기말고사 성적도 점점 떨어졌다. 3월 모의고사 성적과는 비교할 수 없을 정도였다. 수업시간에 소홀히 하지도 않고 노력을 하지 않은 것도 아니었다. 최선을 다하지 않았을 수도 있지만 그래도 본인이 할 수 있는 노력선이었다. 스스로 처음 목표를 세운 대학과 학과를 수정해야겠다고 생각한 듯했다. 점점 아이의 의욕이 떨어졌다. 나는 학원을 좀 다녀 봐라, 공부 방법을 바꿔 봐라, 아침에 일찍 일어나 봐라 등 학습에 도움을 줄 수 있는 선생님이나 학습 방식, 생활 방식에 관해 조언하기 시작했다. 하지만 아이에게는 잔소리로 들렸다. 매사 말 한마디에 대한 대꾸가 인상을 찡그리는 것이 일상이 되었다. 전에 없던 짜증도 늘고 기본적으로 하는 일들에 대한 반항도 심해지기 시작했다.

아이의 행동에 정말 신경이 곤두섰다. 기분과 비위를 맞춰야 했고 하루하루가 살얼음판이었다. 고등학교 1학년도 이렇게 아이의 눈치를 보는데 앞으로 3학년까지 어떻게 지낼까 싶었다. 학업 성적에 대한 스트레스를 제외하고는 친구들 사이에 문제도 없고 학교 행사들도 즐겁게 참여하며 학교생활을 지낸 희정이었다.

차라리 수업을 적극적으로 참신하게 꾸려 가는 특목고나 자사고로 전학 가는 방법을 생각해 보았다. 학교 수업만으로 아이가 공부하기를 원한다면 보다 타이트하게 학생들을 관리해 주는 특목고가 희정이에게 맞는 수업 방식일 수도 있었다. 중학교 3학년 때 특목고 입시는 서류 전형에서 떨어졌었지만 한 학기가 지난 지금에는 특목고들도 이탈자들이 종종 생겨서 학생 충원을 위해 전학생들도 받아들였다. 희정이는 외국어 능력이 강하니 외고 전학을 은근하게 물어봤다. 희정이는 지금 반 친구들과 정도 쌓이고 뒤늦게 전학 가서 익숙지 않은 환경에 또 힘들 수도 있겠다고 판단을 보류했다.

아이가 맥을 놓고 무기력에 빠지니 정말 무엇이 우선인지 생각이 잡히지 않았다. 나도 당황스러워 우왕좌왕했던 것 같다. 여기까지 잘 달려온 아이이고 주변에서 항상 칭찬과 격려를 받았던 아이에게 느닷없이 복병이 나타난 것이다. 사춘기의 심리적 불안정과는 또 다른 행동 표출이었다. 무기력감은 영혼 없는 좀비처럼 행동하게 만든다. 원하는 것에 도전했을 때 도저히 변화가 없는 환경, 사지가 잘린 기분, 자신의 의욕으로 어떤 것도 바꿀 수 없다는 생각이 행동을 아무런 의미도 진척도 없게 만들었다. 옆에서 아무리 격려하고 기운을 북돋으려 해도 이미 아이에게는 상실감이 컸다.

너무 어린 나이에 꿈을 잃어버린다는 것이 얼마나 위험한 일인지 나는 정말 희정이를 보며 불안했다. 다시 아이의 의욕을 되살릴 것이 무엇일지 고민했다. 학업 성적으로 가기 싫다면 네가 잘하고 평생 즐길 수 있는 것으로 해 보라고 아이를 타일렀다. 며칠을 곰곰이 생각해 보더니 엄마가 하는 취미처럼 자기도 그림을 그리고 싶다고 했다. 평소에 답답하고 머리가 아픈 일이 있을 때 그림을 그렸다. 도화지에 나이프로 아크릴 물감을 푹 떠서 처덕처덕 덧칠하며 그림 형태를 만드는 것도 좋고, 그냥 평상시에는 종이 한 장에 연필 하나로 눈에 보이는 아무것이나 그렸다. 아이들 옛날 사진을 보며 초상화를 그리거나 인터넷에 떠도는 예쁜 풍경을 그리거나 막내가 선물해 준 열쇠고리를 그리거나. 그런 나의 취미 중의 하나를 세 아이도 좋아했다. 희정이의 일로 두통이 심하고 머리가 무거우니 종종 그림을 그려 벽에 붙여 두었는데 희정이가 자신도 그림을 그리고 싶다며 벽 그림을 손으로 가리켰다.

희정이는 재능이 많았다. 뭐든 마음을 먹으면 잘한다. 그림이든 노래든 공부든 운동이든 시작하면 보통 수준을 넘는다. 문제는 특별히 드러나게 특출난 것이 없다는 것이다. 끈기와 노력도 끝까지 마무리를 지었으면 했다. 한번 시작한 호기심에 이것저것 손대기 시작하면 정말 잘하는데, 그 관심이 끊어지면 두 번 다시 뒤돌아보지 않고 처박힌 것들이 많다. 이번에도 그럴 가능성이 있으니 단단히 아이에게 확답을 들었다.

"그럼 공부는 포기하고 그림을 그리면서 살겠다는 거야?"

자신의 답답하고 복잡한 심경이 그림 그릴 땐 평온해지니 하니 인생의 목표를 수정해 보겠다고 한다. 그렇게 아이와 같이 미술 학원 설명회를 수십 군데를 돌며 희정이에게 맞는 학원을 찾아다녔다. 결과는 또다시 아이의 변덕으로 물거품이 되었다.

반대 투표의 결과로
만들어진 학생회

○ 황당한 학교 선거

　　매년 수많은 수험생이 대학에서 무엇을 공부할지 결정해야한다. 이것은 대단히 중요하면서도 그만큼 어려운 결정이다. 게다가 부모와 친구, 교사들로부터 압력을 받기 마련이다. 더구나 이들의 관심과 의견도 다르다. 여기에 자기 자신의 두려움과 환상까지 더해진다. 수많은 매스컴, 광고 캠페인, 시답지 않은 소설 등이 가세하며 판단은 더욱더 흐려지고 이리저리 흔들린다. 특히나 현명한 결정을 내리기 어려운 이유는 각각 다른 직업에서 성공하는 데 필요한 것이 무엇인지 정말 모르는 데다, 자신의 장단점을 정확히 아는 것도 아니기 때문이다.

21세기 미래 인류학자 유발 하라리는 다음 세대의 아이들에게 우리의 경험으로 교육해 줄 것은 없다고 말한다. 학교 교육의 내용은 비판적 사고와 의사소통, 협력, 창의성으로 전환되어야 한다고 주장한다. 그리고 인간이라는 것 자체의 의미가 변할 가능성이 크기 때문에 불확실한 세계에서 살아남고 번성하기 위해서는 강한 정신적 탄력성과 풍부한 감정적 균형감이 필요하다고 말한다.

나는 70년대 산업이 발전하며 기틀을 자리 잡는 시대에 태어났고, 80년대 정치적으로 민주화 바람이 일어나는 시기에 학창 시절을 보냈고, 90년대 국가 위기 사태인 IMF와 남북 정상이 처음 만나는 장면도 보고 자란 세대이다. 2000년 새천년을 맞이하기 전에 휴거 같은 세계 멸망을 믿는 사람들도 보았으며, 다시 한 사람마다 핸드폰이 있고 디지털로 모든 쇼핑이며 교육이 가능한 세대를 살고 있다. 정신없이 바쁜 사회 변화에 적응하며 나도 나의 아이들을 키운다. 무엇이 우선이 되어야 할지 갈피를 못 잡는데 하물며 이제 10대 청소년인 아이가 무엇을 할지 어떻게 뚜렷이 방향을 잡고 갈 수 있을까?

내신으로 원하는 학교에 갈 수 없다는 사실을 알았던 건지 단순히 맹목적인 공부가 하기 싫었던 건지 희정이는 더 이상 공부하기를 거부했다. 평상시 모든 과목에 두루두루 했던 미술 그림 그리기에 기웃

하고 음악 노래 부르기에 기웃하며 한 학기를 마무리했다. 공부에만 올인하며 학교에 다니기는 싫지만, 친구들을 좋아하고 학교에서 생활하는 것은 좋아했다. 특히 희정이가 좋아하는 것은 선후배와의 대화 자리가 있는 학생회였다. 우선 자치권이 부여되어 대표라는 자리에 아이들끼리 무게감도 실렸다. 부담감일 수는 있지만, 또래끼리는 단순히 이야기하며 수다를 떨었다. 아마도 자기 딴에는 학급 진행 상황 등에서 스트레스를 받거나 했을 때 다른 반 학생회 친구들과는 대화가 서로 통했었나 보다.

여름방학 시즌에는 특강이니, 2학기 수업 선행 학습이니 하며 모두들 학업 성적 올리기에 열을 올렸다. 희정이도 관심을 가지며 열을 올린 모임이 있었다. 차기 학년 전교 회장단 선거에 출마하는 일이었다. 희정이네 고등학교는 2학년 차기 회장 후보가 1학년 부회장 후보와 같이 출마하는 러닝메이트 학생회였다. 희정이가 반 회장을 하며 그동안 친목을 다진 친구들과 함께 러닝메이트 학생회 선거단을 꾸렸다. 희정이가 부회장 후보인 건 아니었다. 다른 친구가 후보로 나오고 선거단 단원으로 활동했다. 학생회 대표 선거가 진행되어 선거가 끝나면 학생회를 같이 꾸리는 전체 하나의 팀으로 시스템이 돌아간다고 했다.

선거 후보는 단일 후보였다. 희정이네 선거단은 단일 후보더라도 방학 내내 모여 학생회 공약집을 만들고 선거 유세문을 작성하고 플래카드를 만들었다. 개학이 되어 바로 학생회 선거 기간이 되었다. 경쟁할 상대 후보가 없더라도 선거 기간 동안 아침 일찍 집을 나서서 등굣길 학우들 앞에 선거 유세를 펼쳤다. 내가 봐도 열성적으로 애정을 쏟았다. 지성이면 감천이라는 말이 무색하게도 결과는 너무나 허무하게 끝나 버렸다. 투표는 단일 후보여서 찬반 투표로 진행되었다. 어이없게도 반대표가 찬성표보다 열 몇 표가 더 많았다. 결과를 본 모든 학생이나 선생님이나 학부모까지 경악했다. 100년이 넘는 전통을 가진 고등학교에서 학생회 선거에 출마한 단일 후보가 반대표가 더 많아서 떨어진 경우는 최초였기 때문이다.

학생회 활동은 학생부 종합 전형에 기록되지만 한 줄 남는 것치고는 할 일들이 너무 많았다. 희정이도 한 학기 내내 선생님과 학생들 사이에서 많이 치였다. 그런데도 희정이가 학생회 활동을 즐겼던 것은 무료한 고등학교 생활에서 주도적으로 자신을 표출할 수 있는 공간이기 때문이었다. 그러나 일반적인 학생들에게도 무료하고 심심한 고등학교 생활이었을 테다. 해마다 단일 후보로 나오는 학생회 선거에서 당연한 결과가 나오는 것이 더 일상적이고 무료했던 것이다. 반

대표가 더 많이 나온 이유인즉슨 딱히 학생회 후보로 나온 학생들에게 결격 사유나 마음에 들지 않는 이유가 있어서는 아니었다. 그저 정해진 답 같은 '답정너'의 상황이 식상했기 때문이었을 것이다. 다시 말해 찬성표가 아닌 반대표가 더 많이 나오면 어떻게 되는지 학생들이 궁금해했던 결과였다. 2학년들 사이에서는 보이지 않는 공공연한 사실로 반대표를 한번 몰아보자는 말이 돌았다고 한다. 신선한 재미를 주는 상황에 전교생이 호기심으로 참여하게 됐고, 반대표를 투표함에 던져 넣었다. 예상보다 훨씬 많은 아이가 동참했고, 설마했던 결과로 거의 반반, 그러나 열 몇 명의 차이로 반대가 결정된 것이다.

선생님들은 전에 없던 황당한 일이라 긴급 교무 회의를 소집했다. 그 결과 현재 선거단으로 참여하지 않은 나머지 반 회장단에서 학생회 임원을 정하기로 했다. 차기 연도 학생회장과 부회장은 선생님이 추천한 학생이 승인하면 바로 투표 없이 학생들의 대표가 되는 것으로 상황이 마무리되었다. 정말 그 결과가 너무나 쇼킹해서 나조차도 할 말을 잃었는데, 희정이는 정신적 충격이 더 컸다. 열심히 학교생활에 올인하고픈 그 나머지 한 조각도 잃어버렸다. 이제는 더 이상 아무것도 없는 무의미한 학교에 정떨어졌다고 했다.

무엇을 위한 학생회인지 나도 정말 모르겠다. 학생들을 위해 봉사

하겠다고 자발적으로 나선 이들은 다 떨어뜨려 놓고 학생회의 대표를 선생님이 지목해서 투표도 없이 바로 임명했다. 선거 공약을 다지며 앞으로 어떻게 꾸려갈지 학생회에 대한 고민도 없었고, 매일 아침 한 시간 일찍 나가서 피켓을 걸며 민망한 율동과 함께 춤을 추지도 않았고, 당선 소감도 어떻게 학생회를 꾸려 나갈지 고민도 생각도 없는 친구에게 바통이 넘어갔다. 무언가 크게 잘못되었는데 학부모 처지에서 큰 목소리로 따질 입장도 되지 못했다. 아이가 안쓰러워 한숨만 내쉬었지 정작 학교에 항의 전화 한 통 하지 않는 나약한 엄마였다.

희정이의 마지막 남은 학교의 미련이 끊어졌다. 이미 학교 성적에 관심이 없었고, 공부에 흥미를 잃었다. 친구들과 토론하며 같이 미래를 고민하던 재미도 없고 의욕이 떨어져 빈 껍데기만 집과 학교를 왔다 갔다 했다. 그런 희정이를 두고 모질게 야단을 칠 수가 없었다. 윽박질러서 해결될 문제가 아니었다. 걱정만 태산이고 아이가 제자리에 돌아오기만을 기다렸다. 아이를 바라보노라면 한없이 화가 나고 걱정이 눈앞에 쌓여 잔소리가 속사포처럼 튀어나올 것만 같았다. 내 시선을 아이에게서 떨어지게 했다. 될 수 있는 한 아이와 마주치려 하지 않고 거리를 두었다. 방황하는 시간이 좀 짧았으면 좋겠다고 마음속으로 빌고 또 빌었다.

엄마, 나 고등학교 자퇴할래요

학교 내신 공부도, 미대 입시 공부도, 유학도, 전학도 모든 것을 다 마다하고 미뤄 둔 희정이가 어느 날부터 늦게 들어오기 시작했다. 무슨 일이냐고 아이를 잡고 진지하게 물었더니 아르바이트를 구했다고 했다. 분식점 알바를 구해서 일을 시작한지 2주가 다 되어 간다고 했다. 용돈을 주는데 무슨 아르바이트냐고 했더니 자기가 다니고 싶은 학원 지원을 부모님이 안 해 주시니 직접 벌어서 학원비를 대겠다고 했다. 희정이가 찾은 자기 미래 직업은 노래하는 가수였다. 춤을 추는 아이돌이 하고 싶단다. 너무 어이가 없어 기도 차지 않았지만 자기 스스로 돈을 벌어 보컬 학원과 댄스학원에 다니겠다고 했다. 붙들고 타일러도 소용없었다. 쓸데없는 오기와 고집은 누구를 닮았는지 전혀 먹히질 않았다. 아이는 자퇴를 하고 싶다고 했다.

CHAPTER 6

처음부터 다시하는

엄마 공부

심폐소생술

엄마 이전의 나,
돌아보기

○ 책 공부

    다시 천천히 있는 그대로의 나를 바라보았다. 나는 엄마인
가? 나는 엄마가 맞다. 하지만 엄마가 아닌 나도 나의 한 부분이다. 아
이들을 키우는 동안 있는 그대로의 나, 본연의 나 자신의 삶은 전혀
없었다. 배 속에서 열 달을 품고 낳은 아이는 나의 분신 같았다. 어리
고 작은 생명은 나의 절대적인 보호와 양육이 없으면 생존할 수가 없
었다. 잠시라도 나만의 시간을 찾고 자유 시간을 가져야 한다며 행동
에 옮겼다고 치자. 아이에게 젖을 물리지 않거나 젖은 기저귀를 갈아
주지 않거나 아이의 불편한 울음소리를 무시하고 외면했다면 아이가
어떻게 자랄지 장담할 수 없는 상황이 될 것이다. 때문에 내 개인의

시간을 들먹여 아이의 양육 시간을 소홀히 할 수는 없었다. 혼자서 걷지도 먹지도 말하지도 못하는 어린 아기에게 엄마는 절대적으로 시간을 집중할 수밖에 없다. 아이는 이런 지극정성과 사랑을 먹고 쑥쑥 자란다. 엄마의 보호 안에서 서서히 밖으로 시선을 돌리고 엄마 품이 아닌 다른 곳에 관한 궁금함과 호기심도 생긴다. 아이가 스스로 자립하려고 할 때, 엄마는 아직도 아이를 아무것도 못 하는 젖먹이로 인식한다. 아이를 대신해서 먹여 주고 입혀 주며, 공부할 내용을 체크하고 사귀는 친구들과 성적을 관리한다. 전공을 정해 주고 미래에 해야 할 직업을 정해 준다.

나는 아이의 잘나가는 학교생활을 나와 동일시하며 즐거워했었다. 아이가 내가 원하는 방향이 아닌 다른 방향으로 나가려 하자 나는 너무나 절망했다. 아이의 미래가 걱정되어 제대로 된 방향을 찾아가라고 강요하고 으름장을 놨다.

잠시 멈추며 나 스스로를 살펴보았다. 아이 인생의 흠이라고 생각되는 것을 내 인생의 흠집이라고 생각했다. 나는 아이에게 인생을 이래라저래라 말해 놓고 내 뜻대로 되지 않으니 화가 나고 불안하고 우울하고 좌절한 것이었다. 다시 되돌려 내 생각을 바라보았다. 아이는 나의 분신이 아니다. 아이는 자신의 인생을 살아갈 당당한 주인이다.

자신의 인생에 책임을 지고 살아갈 권리가 있는 하나의 인격체이다. 어느 누구라도 다른 이에게 인생을 이래라저래라 강요할 수는 없다. 자신을 낳아준 부모라도 말이다. 나는 내가 그동안 얼마나 잘못 생각하고 살았는지 깨달았다. 나도 내 인생을 살아야 했다. 그리고 아이가 독립하듯 엄마도 아이로부터 독립해야 했다. 다른 누구의 무엇이 아닌 오직 나 스스로의 인생을 살아야 했다. 엄마의 역할은 아이가 스스로 선택한 인생에 관해 조언하고 격려하며 사랑하는 것 뿐이었다. 참고 견디는 인내가 아니었다. 아이가 잘 헤쳐 나가면 그 누구보다 크게 기뻐하며 손뼉을 쳐 주고, 실패하면 돌아와 쉬며 위로받을 따뜻한 쉼터가 되어 주기만 하면 된다. 언제라도 사랑으로 지켜봐 주기만 하면 된다. 그렇게 아이의 인생은 아이가 살도록 해야 했다. 컴컴한 새벽 집안 어느 한 언저리에 앉아 어둠을 바라보았다. 나 스스로를 되돌아보고 지켜보며 깨달았다. 내 생각의 잘못과 내 행동의 어리석음을 알아챘다. 아이의 육아는 끝이 났다. 수많은 자녀 교육의 지침서들을 모조리 덮어 버렸다. 내가 잘 살고 내가 건강하고 내가 즐기는 삶을 사는 것이 내 아이들이 가장 가까운 자리에서 나를 보고 배울 수 있는 것이라 생각했다.

아이와 내가 동등한 수평적 관계라는 것을 어느 순간 깨달았다. 그동안 아이를 위해 헌신적으로 돌봐 주고 내 생활을 희생하여 아이를 뒷바라지한다고 생각했는데, 결과물에 집착하는 것을 보니 내 욕심이 행동을 지배했었다. 더 이상 아이들의 결과물에 좌우되지 말고 아이와 별개인 내가 정한 나의 인생을 살자고 다짐을 했다.

'그래, 아이와 분리되고 독립하자. 무엇부터 해야 하지?'
아이의 일정에서 내가 탈출하니 무엇을 해야 할지 막막했다. 아이의 스케줄 대로 생활했던 나였다. 정해진 인생길에서 낙오자가 된 기분, 아무것도 없는 빈털터리가 된 기분이었다.
'어디서부터 무엇을 해야 하지?' 스스로에게 묻고 또 물었다.
사방이 캄캄하고 어디로 가야 할지 방향성을 잃었을 때 누구에게서, 어디에서 답을 찾을까? 내가 찾은 방법은 바로 책이었다. 수많은 사람이 책 속에서 길을 찾았다. 나폴레옹, 카네기, 오바마, 오프라 윈프리, 세종대왕 등등 열거할 수도 없는 많은 사람이 책을 가까이하고 자신들이 해야 할 일을 찾아 자신만의 여정을 떠났다.

젊은 고종이 후궁과 수많은 밤을 보낼 때 홀로 독수공방 책을 읽으며 하얗게 밤을 새웠던 명성황후는 흥선대원군과 맞설 정도로 지력과 자신의 세력을 키웠었다. 미드 〈왕좌의 게임〉에서 유일한 장애인

인 티리온 라니스터가 책으로 자신의 힘을 키우고 핸디캡을 극복하는 것은 물론, 위기 때마다 뛰어난 지혜와 지략을 발휘한 사실이 기억났다. 아무것도 없고 빈털터리이고 사방이 막막할수록 책을 읽어야한다고 생각했다. 일단 서점에 갔다. 소설이나 베스트셀러가 아닌 자기계발서 코너에 갔다. 나의 감정을 조절해 주고 나를 표현하고 내가해야 할 일들을 제시해 줄 만한 책들을 찾기 시작했다.

그동안 얼마나 나 스스로 한계를 짓고 미래를 불안해하며 살았는지 깨달았다. 내게 없는 것, 부족한 것, 해야 할 것들에 대해 너무나 많은 것을 체크하며 살아왔다. 현재가 늘 불만족스러웠다. 머나먼 미래의 은퇴 시기를 현재로 끌어당겨 와 고민하고 있었다. 어떤 연예인이말했다. 걱정 대출이라고. 나는 현재에 도움이 안 되는 그 불안과 걱정을 한 아름 안고 살았다. 나는 바닥부터 다시 시작하기로 했다. 모든 것을 내려놓기 시작했다. 내가 지금 가진 것들에 대해 다시 하나씩생각해 보았다. 나는 지금 얼마나 가진 게 많은가? 당장 내일 끼니 걱정 할 필요가 없고, 추위와 더위와 아침 이슬을 피할 집이 있고 무엇보다 눈에 넣어도 아프지 않을 사랑스러운 세 아이가 있다. 백세 시대인데, 이제 겨우 반환점도 못 왔으면서 세상의 막바지로 와있다고 생각했었다. 20대에 무일푼인 내가 치열했듯이 40대인 나도 다시 처음부터 시작할 수 있었다. 게다가 지금은 20대보다 훨씬 많은 경험이 있었다. 나는 새로운 계획을 세우며 내 생활을 하나하나 정리했다. 하루하루 기대 속에 설레며 시작하기로 했다.

나 스스로 행복하기 위해 참 다양한 책을 찾아보게 되었다. 하나같이 나에게 너무나 필요한 위로의 말들이었다. 책 속에서 나는 나의 병명을 알아냈다. 바로 '현재 기피증'이었다. 나는 현재를 즐기지 못했다. 끝없는 미래를 위해 현재의 희생을 강요했다. 나의 행복 미션은 가장 먼저 나 자신을 사랑하는 일이다. 자기 비하는 금물이다. 다른 사람의 눈치 보지 말고 남들의 인정보다 나에 대한 긍정으로 칭찬해 주기로 했다. 자책도 말고 걱정도 말아야 한다. 미지의 세계를 그냥 즐기기로 했다. 낯선 것을 마주하고 다른 사람에게 의존하지 말아야 한다. 진정한 행복은 자립해야 가능하기 때문이다. 나는 행복한 이기주의자가 되기로 했다.

희정이에겐 내가 자라던 시대의 교육이 맞지 않을지도 모른다. 자신의 개성이 강한 아이이고 똑똑한 아이이다. 늘 주입식으로만 받던 우리의 교육에 대해 나도 답답하고 모순되는 부분을 많이 느꼈지만, 그것만이 정답이라고 마지못해 받아들였다. 아이들이 사는 세계는 한 세대가 바뀌었을 뿐만 아니라 세상 전체가 하나로 연결된, 인터넷과 수많은 정보를 손끝 하나로 모두 알아낼 수 있는 세상이다. 학교에서 받는 교육이 정답이 아닐 수 있었다.

　나 또한 아이들을 잘 키우고 행복한 가정을 꾸리는 일이 자신의 사명이고 인생의 신념인 것처럼 살아왔었다. 그 방식도 그저 평범하게 자녀교육을 한다는 것이 높은 목표를 세우고 좋은 성적을 내고 좋은 학교에 가고 좋은 직장, 좋은 결혼생활로 자기 인생 반듯하게 살아 내는 사회인을 만들어 내는 것이 내 일이라 생각했다. 하지만 무엇이 좋은 학교, 좋은 직장, 좋은 생활인 것일까? 사회가 만들어 놓은 기준? 남들이 정해 놓은 기준이 나에게 좋음과 나쁨의 기준이 된다면 내 인생을 사는 의미가 없다.

　아이도 자신의 인생에서 스스로 결정한 '좋음'이라는 기준을 정하고 살아가야 하지 않을까? 희정이의 자퇴는 처음엔 엄청난 충격과 배신, 절망으로 하루아침에 내게 날벼락처럼 떨어졌다. 그 자리에 앉아 다시 예전의 희정이가 돌아올 것이라고 믿었다. 내 뜻대로 진행되지 않는 아이의 행동에 제발 제자리로 돌아오라고 애원하고 소리치며 분노하고 원망했었다. 정신 차려라. 변화된 상황의 현실을 똑바로 보고 내 인생을 살아가야 한다.

〈내 치즈는 어디에서 왔을까?〉라는 책에서는 '신념'을 사실이라고 믿는 생각이라 말한다. 사실이라고 믿는 그 신념 중 어떤 것은 때로는 우리를 낙담시킬 수도 있다. 하지만 어떤 신념은 우리를 나아가게 만들기도 한다. 가장 중요한 것은 그 신념을 선택하는 것이 바로 우리라는 거다. 우리는 신념 그 자체가 아닌, 선택하는 장본인일 뿐이다.

내가 최고라고 믿었던 치즈가 사라졌다. 나의 신념이 없어진 것이다. 하지만 신념이 없어진다고 내가 없어지는 것은 아니다. 나는 또다시 다른 신념을 선택할 수 있었다. 또, 나는 내 아이를 믿는다.

내가 할 일은 그것이다. 생전 보지도 못한 빨갛고 딱딱하고 이상한 것을 먹어 보라고 한다. 용기를 내어 한 입 베어 무니 향긋한 냄새와 함께 맛있는 즙이 입안에 감돌았다. 사과다. 그동안 나는 치즈의 맛에만 익숙하듯 달콤한 모범생 학부모 역할에 익숙했었다. 희정이가 새로 시작한 일들에서 곧 새로운 결과들이 나오기를 바랐다. 새로운 변화를 위한 도전에는 바로 길이 보이지 않는다. 한발 한발 내딛기 어려운 어두운 터널에 있었다. 나는 새롭게 먹는 사과와 같이 새로 접한 책들을 하나하나 씹어 먹으며 어둡고 보이지 않는 터널의 길을 걸어갔다. 나의 희정이를 믿으면서 그리고 나 스스로를 믿으면서, 나 자신으로 사는 법을 진지하게 찾아보기로 했다.

바뀌는 세상을
볼 수 있는 용기

○ 엄마 혼자 여행

세상에 자신을 표현하는 일들은 많다. 사람들은 각자 저마다의 언어로 자신을 표현하면서 살아간다. 그림으로든 음악으로든 글로 표현하든 사람들은 각자 자신이 살았던 흔적을 남긴다. 블로그 계정을 열고 공개적으로 나의 글을 하나씩 쓰기 시작했다. 누군가에게 비밀을 털어놓는 일은 쉽지 않았다. 상대가 아무도 없는 컴컴한 공간에 글을 쓰는 것 같다. 많은 것을 내려놔야 했다. 무엇을 쥐고 있었는지도 모르지만 그냥 모든 글에 진실만을 담고자 했다. 나의 현재 상태를 인정해야만 했다. 아무것도 남은 것이 없고 실패했다고 생각했다. 열심히 살았지만 내가 살아간 방식이 정답이 아닐 수도 있었다. 무엇보다도 보이지 않는 캄캄한 미래가 나에게 숨을 쉴 수 없게 만들었다.

나는 나 혼자 여행을 가 본 기억이 거의 없다. 그래도 혼밥은 한두 번 경험이 있지만, 결혼 이후 어디로 여행 갈 때 혼자 집을 떠나본 적이 없었다.

'그래 여행을 가보는 거야! 1박으로!'

일단 마음속으로 선언을 하고 나니 마음이 설레었다. 어린 초등학교 시절 첫 소풍을 갈 때처럼 마음이 붕붕 날았다. 결혼 18년 만에 처음으로 평범한 일상을 벗어난 혼자의 자유를 나에게 선물한 것이다.

나만의 힐링 여행을 계획할 때는 정말 기차 여행을 꼭 하고 싶어서, 기차를 타고 갈 만한 여행지를 골라야 했다. 문제는 숙소이다. 아무리 혼자 자유의 여행을 즐긴다지만 모텔은 처음 가는 여행지 숙소로 선택하기에는 나에게 고난이도였다. 그렇다고 호텔은 좀 부담스럽고 찜질방은 너무 없어 보였다. 좀 더 조용하고 개인적 공간이면서 숙소와 식사가 한꺼번에 해결되는 장소가 없을까 고민을 하다가 문뜩 떠올랐다. 템플 스테이다.

혼자서 탁월한 선택이라고 쾌재를 불렀지만 예약할 시간이 단 하루밖에 없었다. 내게 주어진 시간이 당장 내일모레 주말뿐인데 전국

템플 스테이 인터넷 예약 사이트는 모두 예약 만료로 나왔다. 최소 2주 전 예약이었다. 어떻게 얻은 휴가인데 이대로 그냥 포기할 수 없었다. 나는 막무가내 심보로 예약 취소 건을 노리고 사찰에 전화를 걸기 시작했다. 두 번만에 담당자와 전화 통화에 성공했다. 뜻이 있는 곳에 길이 있다고 하룻밤 기거할 암자를 찾았다. 계룡산 갑사 템플 스테이를 예약하고 SRT 자기 부상 고속 열차도 예약했다. 고속 열차는 난생처음 타봤다. 아이를 키우는 사람들은 알 테지만 어린아이들을 태우고 어디 여행을 갈 때 대중교통은 정말 힘이 든다. 젖먹이 시절에는 유모차에 분유에 기저귀까지 아기 짐만 한 트렁크 가득하다. 그런 여행 짐에 세 아이를 데리고 대중교통 이용하기란 모험이 아닐 수 없었다. 그런 덕분에 결혼 후 기차를 타본 적이 없었다. 사실 템플 스테이 하는 날 SRT라는 것도 처음 알게 되었다. KTX가 가장 최근 내가 아는 신식 열차였었다. 서울 한복판에 사는 도시 여자였고 나름 세상 돌아가는 일에 무디지 않다고 여겼었다. 내 관심사를 제외하고는 완전 어린아이 시선이 되어 있었다.

드디어 아침 일찍 수서역에서 출발하는 자기 부상 열차를 탔다. 들뜬 가슴을 안고 기차 안에서 여행 기분을 내려고 책을 읽다가 내려야 할 공주역을 놓쳤다. 고속 열차가 그렇게 빨리 공주까지 갈지 몰랐던 탓이다. 통로 쪽에 앉아 이어폰을 끼고 책을 읽는데 누군가가 등을 톡

톡 건드리며 창가 쪽 자리를 가리켰다. 자리를 비켜 주려 일어서니 창밖으로 공주역 표시가 보였다. 너무나 놀라서 서둘러 밖으로 뛰쳐나갔다. 눈앞에서 출입문이 서서히 닫히는 것이 보였다. 생애 첫 혼자 여행인데 기차 여행에 들떠서 내릴 목적지도 놓치고 정말 한심한 순간이었다. 잠시 후 지나가는 역무원에게 못 내렸다고 이야기했다. 친절하게 다음 익산에서 반대 승강장으로 가서 공주역으로 가는 기차를 갈아타라고 일러 주었다. 혹시 모를 상황에 대비해 임시표도 발권해 주었다.

우여곡절 끝에 공주역에 당도하고 다시 갑사로 가는 버스를 두 시간이 넘게 기다려야만 했다. 자동차로만 다니던 여행길에만 익숙해진 탓에 이렇게 기차나 버스를 타면 예매도 미리 해야 하고 대기 시간도 길다는 것을 새삼 알았다. 세상 물정 모르는 내가 새롭게 알아 가는 순간이었다. 인적 없는 한적한 절에서 주말 동안 나만의 시간을 보내는 여유 를 생각했었다. 갑사의 템플 스테이 일정은 의외로 타이트했다. 깨끗하고 정갈한 방을 배정받고 갑사의 보물을 투어했다. 저녁 공양을 먹고 타종 체험도 하고 예불하는 법도 배웠다. 따뜻한 방바닥에서 하룻밤을 잔 뒤 새벽 4시, 타종 소리에 잠이 깼다. 간단한 스트레칭을 한 후, 날이 밝자마자 용문폭포 트레킹을 다녀왔다. 오전에는

108배를 하며 염주를 만들었다. 구멍이 뚫린 보리수 열매 108개를 실에 하나씩 꿸 때마다 사랑하는 이를 생각하며 절을 올렸다. 절을 정성으로 한 배씩 올릴 때마다 그의 건강과 행복과 앞일을 축복하며 진심으로 염주를 만들었다. 가족의 이름을 하나씩 부르며 절을 올렸다. 내 주변의 가까운 지인의 이름을 부르며 절을 올렸다. 친척을 떠올리고, 친구를 떠올리고, 이웃을 떠올리고, 같이 일하는 동료를 떠올렸다. 사랑하는 이를 다 부르거든 미워하고 원망하는 이를 부르고 그의 행복을 축원하며 용서로써 마음을 놓아주라고 했다. 그들이 잘 살기를 바라며 절을 올렸다. 불러도 불러도 인간관계가 협소한 것인지 아직 여든 명이 되지도 않았는데 아는 모든 이름을 다 부른 것 같았다. 땀이 비 오듯 이마에서 뚝뚝 떨어졌다. 그러다가 순간 사돈의 팔촌까지 기억 저편에 있는 이름을 불러서 무슨 의미가 있나 싶었다. 그냥 내가 소중히 생각하는 이들을 반복해서 부르고 건강과 행복, 앞으로의 축복을 빌었다.

엄마…… 한평생 정말 고생 많이 하시며 입을 것 먹을 것 아끼고 아껴, 당신 것은 변변한 것 하나 없어도 자식들을 최고로 키워 주신 나의 엄마를 다시 불렀다. 무릎도 성치 않고 허리도 안 좋아 좋은 곳 구경 다니기도 힘드신데, 매일 전화로 자식 반찬 걱정하시는 우리 엄

마. 엄마를 위해 절을 올리고, 올리고, 올리다 나도 모르게 눈물이 핑 돌았다. 사춘기 시절 엄마를 그리도 마음 아프게 했었는데 결혼 후에도 걱정을 끼쳐드리는 것 같아 마음이 아팠다. 희정이를 마음속으로 부르니 가슴이 턱 막혔다. 아이의 능력이 아깝고 속상한 마음이 아직 자리 잡아 눈물이 울컥 쏟아졌다. 아이가 살아갈 만만치 않은 세상과 앞으로 맞부딪칠 힘든 상황들을 생각하니 눈물이 저절로 흘러내렸다.

108배 염주를 다 꿰고 나와 파란 쪽빛 하늘을 봤다. 한 폭의 그림 같은 누각에서 스님과 템플 스테이로 온 팀원들과 함께 차담 시간을 가졌다. 20대 중반의 두 젊은 회사원 아가씨들, 초등학생 딸아이와 같이 온 30대 엄마, 나이 지긋하신 70대 노부부 그리고 나까지 모두 일곱 명이 스님과 가볍게 차담을 나누었다. 다들 소소하게 이야기를 나누는데 스님께서 어찌 혼자 오게 되었냐고 물으셨다. 결혼한 세 아이 엄마라고 말씀드렸더니 방 안에 있던 모든 분이 놀랐다. 모두 골드 미스쯤으로 생각했었나 보다. 당황스러운 반응에 상황이 어색해서 주절주절 말문을 열게 되었다. 저마다 한 가지 고민 이야기를 털어놓길래 나는 자녀의 습관이나 계획을 어떻게 잡아 주어야 할지, 내가 모범이 되어야 하는 것과는 별개인 것 같더라고 말씀을 드렸다. 스님께서 던지는 몇 가지의 질문에 답을 주고받다가 희정이의 현재 자퇴한 상황까지 이야기가 나왔다. 가만히 듣고 있던 20대 아가씨 중 한 명이 자기도 기숙형 특목고 나왔었고 진로 고민을 그 나이 때 엄청 많이 했었다고 했다. 부모님 속도 엄청 많이 썩였단다. 사회 나와서 부딪히고 여러 가지 한계들을 직접 경험한 뒤에 다시 제자리로 가게 되었다며, 희정이도 곧 제자리로 돌아올 것이라고 내게 위로의 말을 해 주었다. 30대 엄마도 엄마가 옆에서 지켜봐 주고 지지해 주면 아이도 잘못된 길로 빠지지 않을 거라고 말했다. 힘이 되어 주는 말을 해주었다. 조용히 앉아 계셨던 70대 어르신이 마침내 입을 여셨다.

"지나 보면 그것도 다 한때지. 지금은 아주 큰 문제처럼 보이지만 시간이 지나면 다 자연스럽게 흘러가게 돼 있다네. 너무 애쓰지 마시게."

따뜻한 말씀에 나는 또 콧날이 시큰해졌다. 두 손으로 잡고 있던 온기 가득한 찻잔으로 눈물 한 방울이 똑 떨어졌다.

좋은 엄마가 되려는 욕심 버리기

○ 행복의 기준

    모두가 아직 잠들어 있는 새벽, 조용히 주방으로 나와 불을 켰다. 지지직 꺾이는 전기가 전선을 타고 형광등의 불이 한두 번 껌벅이다 켜져 눈이 부셨다. 한 눈을 감고 쌀통에서 쌀을 담아 씻어 전기밥솥에 밥을 안치고 냉장고를 열었다. 남은 채소들과 달걀들을 꺼내 오늘 반찬들을 만들었다. 가스레인지에 미역국을 끓이고 호박전도 부쳤다. 밥이 다 되어 가는데 아이는 아직 일어나지 못했다. 아이 방에 들어가 아직도 곤히 자는 아이의 얼굴을 바라봤다.

    아이가 태어나던 때, 벌겋게 달아오른 얼굴이 생각이 났다. 난산 끝에 아이도 힘에 겨운 사투를 끝내고 한쪽 눈을 뜨고 함께 전장에서 싸운 아군을 보았다.

'이 사람이 나의 엄마구나. 막막한 미지 세계를 걸어갈 때 내가 온전히 믿을 만한 사람이 이 사람이구나.'

아이가 세상에서 처음 본 엄마의 모습일 것이다. 엄마는 자신의 배 속에 새로운 생명을 품고 열 달간 함께 숨을 쉬고 함께 생각과 감정을 주고받았다. 엄마가 느꼈을 행복, 기쁨, 슬픔, 분노를 배 속의 아기는 함께 느꼈다. 정서적 유대감을 함께 이룬 후, 둘의 최초 합동 작품은 출산이다. 엄마는 세상 그 무엇보다도 아이의 행복을 원한다. 그러다 아이의 감정을 헤아리기 전에 세상이 원하는 행복한 삶의 기준에 삶의 방식을 끼워 맞춰가기 시작한다. 공부를 잘하면 좋은 대학에 간다. 좋은 대학 출신은 좋은 직장을 구하고 한 달 수입이 좋다. 그렇게 되면 경제적으로 풍요로워지고 사회적 위치가 적당히 자리 잡히면 아이는 평균 이상의 행복을 누리리라 생각한다. 지금의 고통은 잠시뿐이고 노력하고 인내하면 성공이 현실이 되어 아이에게 행복을 줄 수 있으리라고 확실한 믿음을 갖게 된다. 노력이 성공이고 성공이 행복이다. 나는 그렇게 길들여져 살아왔다. 행동에 동기를 부여하는 방식으로 말이다.

'사람은 무엇으로 사는가?'

톨스토이는 자신의 작품 중 유독 이 작품을 아꼈다고 한다. 톨스토이가 자신이 살아가면서 인생의 가장 중요한 순간 그가 사람들에게 전해주고 싶은 일들을 한 권에 담은 것이다.

'나는 무엇으로 사는가?'란 질문 이전에 무엇 때문에 사는지, 그 목적과 가치에 관해 묻고 싶다. 철학적 물음에 단칼에 단답형으로 대답하기엔 질문의 무게가 무겁다.

나는 살면서 목적 지향적으로 살게 되었다. 고생을 감내하며 내가 원하는 성공을 위한 어쩔 수 없는 고행이라 생각해 왔다. 그러다가 막상 결과가 안 나오거나 좋지 않으면 그간의 노력이 헛수고인 것처럼 무의미해져서 허탈감에 빠지게 되었다. 다시 생각해 보면 그 과정에서 즐기고 사람들과 함께하면 그뿐이었을 텐데 말이다. 결과는 내 의지와 상관없이 내버려 두는 내공을 좀 키웠다면 고통에서 더 자유로워졌을 것이다. 과정에서 즐거움이 쌓이고 결과에 상관없는 행복을 누릴 수 있도록 말이다.

세상이 원하는 인재는 성적대로 일렬로 줄 세워진 아이들에게 순서대로 찾아가지는 않을 것이다. 행복의 우선순위가 성적순이 아니라는 것을 누구라도 알고 있지 않나? 성공의 기준을 무엇으로 측정할 것인가? 경제력인가? 아니면 명예? 남들이 부러워할 만한 그런 위치인가?

나는 목표를 달성하면 바로 달성한 성공은 뒤로 두고 또 다른 목표를 세웠었다. 좋은 성적을 받으면 만점을 받기로 목표를 수정하고, 좋은 대학에 입학하면 좋은 회사로 목표를 수정하고, 좋은 회사에 취직하면 승진을 위해 또다시 목표를 수정했다. 집을 장만하면 더 좋은 집을 원했고, 더 좋은 차, 더 좋은 옷, 더 좋은 물건들을 가지려고 끝없이 갈망했다. 아무리 애를 써도 성공을 즐기지 못하고 그 다음의 목표로 다시 정진했다. 행복에 이르는 정상은 항상 눈앞에서 저만치 더 멀어졌다. 정해진 목표가 자신 스스로 세운 것이 아닌 다른 사람에 의해 정해진 목표라면 두뇌는 다른 일을 할 때보다 스트레스 상태가 훨씬 가중된다. 스트레스 상태의 뇌는 위기 대처 상황에서 평상시보다 훨씬 부정확하게 판단을 내린다. 실제 연구 데이터를 보면, 두뇌는 긍정적인 상태일 때 31%나 더 생산적이고 창의적이다. 행복을 느낄 때 분비되는 도파민은 단순히 더 행복하게 만들어 주는 역할만 하는 것이 아니라 두뇌의 모든 학습 장치가 작동하도록 만들어 주기 때문이다. 긍정적이어야 성공할 확률이 더 높아지는 근거가 된다.

나는 행복과 성공의 새로운 공식을 찾을 수 있었다. 기존의 공식을 뒤엎는 것이다. '성공해야 행복한 삶을 살 수 있다.'가 아니라 '행복해야 성공한다.'로 결론이 나왔다. 10년 연속 하버드 인기 강의에서 말하는 새로운 행복의 공식이었다.

또 다른 행복 공식은 노벨 경제학상을 받은 폴 사무엘슨 교수가 발표한 것인데, 그는 행복은 소유를 욕망으로 나눈 것이라고 주장했다. 즉, 행복이란 소유가 많을수록 혹은 욕망이 줄어들수록 커진다고 말했다. 자본주의 시대 우리는 삶의 목표를 경제적인 부에 두고, 돈이 최우선이라는 것에 순응하고 살아간다. 머리와 가슴으로는 거부하고 싶지만, 이미 자본주의의 현실은 돈으로 거의 모든 것을 해결한다. 국가는 물론 사회의 거의 모든 시스템이 돈으로 움직이다 보니, 좋든 싫든 간에 돈은 제일 갖고 싶은 것이 되고 말았다. 우리는 원하기만 하면 돈으로 웬만한 모든 것을 소유할 수 있는 세상에 살고 있다.

돈은 많이 벌어도 한계가 있다. 소유를 계속 늘려나갈 수는 없다는 이야기이다. 소유를 늘리는 대신 욕망을 조절하면 된다. 삶에 필수적인 것들을 소유하고 싶은 절대적인 욕망과 시기, 질투와 한계가 없는 욕망은 차이가 있는 것이다. 최소한의 기준 이상을 유지해야 하는 본능적 요구 사항과 다른 사람들의 욕망에 따라 범위와 수준이 끊임없이 변화하는 것은 다르다. 사회가 요구하는 목표들을 다시 천천히 따져 봐야 한다. 내가 요구하는 것인지, 내가 원하는 것인지 생각해 봐야 한다. 행복이나 잘 산다는 생각은 내가 정한 기준에 따라 만들어지는 것이다. 상대적 욕망을 잘 조절한다면 행복은 우리 삶 곳곳에서 언제 어디서든 찾을 수 있다.

어린아이의 웃음 짓는 표정만으로도 행복한 시기가 있었다. 아이의 웃음이 나의 보람이자 기쁨이었다. 걸음마를 하고 기저귀를 뗄 때부터 다른 아이와 비교하기 시작했다. 내가 제대로 키우고 있는지 기준이 없었고 잘 모르기에 남과 비교하게 된 것이다. 다른 아이들보다 먼저 걷고 먼저 기저귀를 떼면 안심이 되고, 늦으면 불안해했다. 아이의 표정 따위는 무시한 채 아이가 해 놓는 일 하나하나를 또래 아이들과 비교 평가하기 시작했다. 또래보다 빠른 것이 아이들이 행복해지는 방법이 아니었을 텐데, 또래보다 똑똑하고 또래보다 공부를 잘하는 것이 나를 기분 좋게 만들었고 안심되게 했다. 하지만 정작 끊임없이 비교당하는 아이들은 잘하면 잘하는 집단에 가서 또 비교를 당하게 될 것이고 그 끝은 항상 결과가 나쁠 수밖에 없을 것이다. 절대 자존감을 키우거나 행복감을 얻을 수 없다.

아이들에게 행복한 삶을 살도록 교육하려면 행복한 순간을 스스로 찾도록 기회를 주어야 한다. 끊임없이 시도하고 도전하고 탐색하는 과정에서 자신이 즐거워하는 일들을 찾을 수 있다. 즐거움을 찾는 과정에서 아이들이 원하는 성공을 하나씩 이뤄갈 수 있다. 행복의 바탕은 감정이다. 태아 때부터 공감한다고 느낀 내 아이의 감정을 이제는 헤아려 주어야 한다. 세상의 잣대로 그 행복을 왜곡하고 보편성으로 만들어 버리지 말자. 부모인 내가 세상으로부터 보호해야 할 아이들의 감정을 내 손으로 권위를 앞세워 무시하지 말자. 아이의 감정 읽기가 관계 회복의 첫 발걸음이 된다.

숨 막히게
바뀌는 현실 속

○ 리얼리티 세상

초등학교 6년, 중학교 3년, 고등학교 3년, 우리나라 아이들은 12년을 학교에서 상당한 시간을 공부하며 보낸다. 세계 어느 나라보다 우리나라는 압도적으로 청소년들의 공부 시간이 많다. 우리나라의 공부 목적은 무엇일까? 학생들이나 학교의 공부는 모두 대학 입시를 위한 한 방향으로 가고 있다. 고등학생, 중학생뿐만 아니라 초등학생들도 좋은 대학에 진학하기 위해 중고등학교에서 배울 내용을 미리 선행 학습한다. 사설학원들이 그런 요구를 해결해 주기 위해 번성한다. 좋은 대학을 위한 모두의 전력 질주 속에 아이들도 생각을 같이하고 있는 것일까? 우리의 생각을 아이에게 무조건 맹목적으로 주입

하는 것은 아닐까? 진지하게 아이의 생각을 들어 봤었을까?

　오로지 한 방향으로 한 목표로만 가는 요즘 학교의 교육 목표는 너무나 획일적이다. 성적이 우선순위가 되기 때문에 선생님이나 학생들에게 주목받는 아이는 성적이 우수한 아이다. 그들은 우수한 성적을 만들기 위해 친구들과의 즐거운 대화나 정보의 교류 등을 등한시한다. 남과 함께 성적이 우수할 수 없고 서열화되는 상대 평가이기 때문에 누군가가 나의 점수를 누르고 상위 등수를 받을 수 있기 때문이다. 학교에서 협동이나 배려 따위를 배우기에는 너무 치열한 입시 경쟁이 현실과 동떨어진 교육 현장을 만들었다. 학교 선생님의 수업 이외에도 보충 수업을 받으려고 학원에 다니고, 시험 점수를 잘 받기 위한 테크닉을 전수 받고 시험 잘 보는 요령을 배운다.

　대학에 입학한 학생들의 모습은 행복할까? 우리나라 최고의 학부 서울대 학생들은 행복할까? 서울대 학생들에게 설문 조사를 한 적이 있다. 치열하고 힘들었던 입시 수험생의 관문을 보기 좋게 뚫고 들어간 서울대생은 계속 또 다른 영역의 성적을 위한 공부에 매진한다. 전국의 우수한 성적을 가진 학생들이 모인 서울대생들도 성적으로 등급이 매겨진다. 누군가는 A+를 받는 우등생인가 하면 누군가는 공부를 열심히 해도 C, D 점수를 받는다. 서울대의 한 교수가 A+를 받는 우등생들의 공부법을 조사한 적이 있다. 그 학생들의 공부 방법은 충격적이었다. 그들은 담당 과목 교수의 말을 토시 하나도 빼먹지 않고 노트에 기록한다고 했다. 시험 보기 전까지 교수의 이론과 수업 내용을 외우고 정리하고 그대로 시험지에 똑같이 서술하고 시험장을 나온다고 했고, 교수의 수업을 비판하거나 다른 의견을 낸다는 것은 상상할 수도 없다고 했다. 그렇게 갇힌 수업방식은 일제강점기부터 내려온 주입식 교육과 전혀 다르지 않다. 21세기가 되고 4차 산업혁명 시대를 준비한다는 인재들이 과거의 수업 방식에서 조금도 벗어나지 못한 것이다. 서울대 교육학과 정혜선 박사의 말이다. 하지만 다른 유명 대학의 우수한 대학생들의 공부 방법은 전혀 달랐다. 교수의 수업 시간에 노트 필기하는 학생은 드물었다. 수업 내용을 듣다가 자신이 참고할 내용만 적는다고 한다. 수업의 이론 내용에 더불어 자기 생각과 다른 이론들을 비교하여 새로운 관점을 제시하고 의견을 내는 것이 시험지 작성이라고 했다. 얼마나 논리적이고 타당한가에 따라 시험 점수가 매겨지며 교수의 이론이 철저하게 비판받더라도 시험 점수와 연관되지는 않는다. 맹목적인 교수의 수업에 따라가는 방식은 우리나라 교육의 한계인 것일까? 고등학교와 중학교 모든 교육이 하나로 획일화되는 것은 절대로 벗어날 수 없는 고정불변의 것일까?

시대를 거스르는 교육을 우리는 우리 아이들에게 강요하고 있다. 중고등학교에서 좋은 성적만으로 학생들을 평가하는 일이나 대학에서 교수가 원하는 답안만 제출하는 일은 우리의 미래를 암울하게 만드는 것이다. 창의적 인재의 능력은 과거의 지식으로만 키울 수 없다. 자유롭고 유연한 사고를 만들 수 있는 대학 교육이 아니라면 우리의 미래 교육을 대학에서 채울 수 없다.

일렬횡대로 쫓아가는 우리 아이들을 교육 현장에서 잠시 떨어져서 바라보자. 세계에서 가장 많은 시간을 책상 앞의 의자에 앉아 공부만 강요받는 아이들이다. 세상에 얼마나 다양하고 호기심이 많고 배울 것들이 많은 혈기 왕성한 아이들인데 똑같은 교실에서 똑같은 수업만을 강요할 것인가. 더 이상 수업에 흥미를 못 느끼는 아이들은 마냥 무기력하게 시간을 죽이며 보내고 있다. 불행은 아이들에게만 그치는 것이 아니다. 무분별한 교육 철학으로 일상생활과 가계 경제에 타격을 가져오는 사교육은 부모들에게도 힘겨운 건 마찬가지이다. 대한민국에서 가장 많은 사교육을 하고 대학을 가장 많이 보낸다는 강남이나 목동 그 일대는 아이러니하게도 학업 포기율이 가장 높다. 입시 자료의 빈익빈 부익부 현상은 사교육이나 그 일련의 교육비 지출로 만들어진 경우가 많다. 돈으로 대학 입학 성적이 매겨진다고 해도 과언

이 아니다. 가계 경제를 옥죄는 사교육이 교육 불평등 심화의 주범이 되었다는 말은 이미 식상한 기정사실이 되어 버렸다.

정작 이런 희생을 고려하고도 대학에 올인하여 보낸 아이들이 행복하면 그나마 다행이다. 가정이 성공적으로 똘똘 뭉쳐 하나로 가는 배 위에서 합심하여 목표를 이뤘다면 그것도 좋은 일이다. 다만 그렇지 않고 아이들이 원하지 않는 대학 공부를 하고 있다면? 다시 원점으로 돌아오는 아이들이나, 그들을 뒷바라지하던 부모의 희생은 공중 분해가 되어 불화를 만들고 불행의 씨앗이 되어 버린다. 왜 공부하는지를 잃어버렸기에 나타난 결과인 것이다. 결국에 아이들이 행복하고 잘 살기 위한 방법으로서 좋은 대학과 좋은 성적을 받게 하려 한 그 목표가 최종 목표를 방해하고 반대 방향으로 가게 한 것이다. 사회로 나가기가 무서워 그냥 학교에 남아 공부만 하는 아이들도 많이 있다. 대학원에 진학하고 다시 전공을 바꾸어 또 학생 신분을 유지한다. 적극적인 사회 진출을 두려워하는 이들이 많다.

대학에 가려고 준비하는 수험생은 날이 갈수록 줄어든다. 대학은 살아남기 위해 기존의 등록금을 더 올릴 수밖에 없다. 등록금이 동결되고 청년 대출이 된다고 해도 대학 졸업장만으로 취업이 쉽지 않은 것이 현실이다. 대학 생활 동안 학점을 따기 위해 들인 노고와 시간과

돈이 졸업 후에 별다른 성과가 없다면 교육 투자 대비 기대율이 너무 낮지 않을까? 과감한 선택을 하는 자가 먼저 기회를 잡을 수도 있다. 공부한 만큼 사회에서 부딪치며 실전 경험을 쌓고 실패도 해야 성장의 밑거름이 될 텐데 커다란 머리로는 자신의 실패를 용납할 수 없게 된다. 그런 두려움에 다시 공부하는 삶으로 인생의 방향을 굳혀 버린다.

"10대들이여, 닥치고 공부에 미쳐라."

이 말을 지금 이 시대에 당당히 어른들이 자녀에게 할 수 있을까? 닥쳐오는 미래는 우리가 알던 미래가 아니다. 하루가 다르게 변하고 있는 사회에 부모 세대도 적응하기 바쁜 시대이다.

농사를 짓고 살던 40대의 아버지는 20대 초반의 아들에게 농사를 잘 짓는 법을 가르칠 수 있었다. 노련한 경험과 기술로 조금만 움직여도 생산량이 힘을 잘 쓰는 아들보다 훨씬 많았을 것이다. 근처에 공장이 들어섰다. 농사짓던 땅은 없어져서 아들과 아버지는 둘 다 공장의 노동자로 취직을 하였다. 새로 기계 작동법을 익히고 새로운 분업을 배우는데 아들과 아버지 중 누가 더 새 기술을 빨리 익히겠는가? 누가 더 유연하게 사고하겠는가?

우리는 현재 아무도 경험하지 못한 새로운 산업 시대를 자녀들과 같이 걸어가고 있다. 우리보다 스마트폰의 자판을 훨씬 빠르게 두드려 문자를 보내고 스마트 기술을 훨씬 많이 알고 있는 세대가 우리의 자녀들이다. 누가 누구를 가르치겠는가? 좀 더 비약적으로 말하자면 우리는 개화기 선교사가 가르치는 학당에 가겠다는 아이들에게 서당에서 배운 지식으로 계속 과거시험을 준비해야 한다고 주장하고 있는 것은 아닐까?

학벌에 미친 경쟁 교육, 서열화되고 상대 평가로 줄 세우는 교육, 창의성이나 개인의 개성을 죽이고 가르치는 대로 따라 하는 교육, 객관식 시험과 옳은 것과 그른 것을 골라내는 시험이 의미 있는가? 영어와 수학에 올인하는 공화국으로 계속 남아있을 것인가?

대기업이 인재를 뽑는 방식도 대학 학위가 아니라 각자의 시험 선발 방법을 개발해 적용하고 있다. 뛰어난 인재를 스카우트하거나 온라인 포트폴리오로 커뮤니티에서 인정받고 평판을 쌓은 실력자들을 선택한다. 과거의 교육 방식을 넘은 새로운 교육 기업은 건명원이나 미네르바 스쿨처럼 획기적인 21세기 융복합 인재 양성소를 만들고 있다. 건명원은 국적과 스펙 제한 없이 1년간 동서양 고전을 중심으로 인문, 과학, 예술을 통합적으로 교육하는데 학비와 학위가 없고 최고의 교수진이 수업한다. 미네르바 스쿨은 전 세계의 학생들에게 정해진 캠퍼스 없이 우리나라 서울을 비롯한 세계 7대 도시를 옮겨 다니며 100% 온라인 영어로 수업한다. 방문 국가의 기업과 대학에서 인턴십과 팀 프로젝트를 진행하며 문제 해결력 중심으로 공부한다. 세계적 명문대보다 입학하기 어려울 정도로 인재들이 몰리고 있다.

우리의 아이들은 너무나 많은 시간과 돈을 미래에 필요하지도 않은 지식과 존재하지도 않을 직업을 위해 학교와 학원에서 낭비하고 있다는 것을 알 필요가 있다. 아이들을 몰아세우며 공부하라는 것이 아니라 부모가 먼저 각성해야 한다. 눈을 뜨고 현실로 깨어나야 한다.

CHAPTER 7

인생 동행자로

다시 서기

↓ 미래행복 교육 ↓

학교를
떠나는 아이들

○ 외면받는 공교육

희정이처럼 학교를 떠나는 아이들이 많아지고 있다. 하루 평균 152명(2018년 기준 전국 고교 학업 중단자 24,506명, 서울권 4,531명, 전국 초중고 학업 중단자 55,480명 - 자료 출처 종로학원 하늘교육)의 아이가 학교를 떠난다. 왜 학생들이 학교를 떠나는 것일까? 우리가 원하는 학교는 무엇일까? 꿈을 잃고 학교가 그냥 답답한 아이들, 학원 폭력이 빈번하고 왕따 현상도 흔한 일이다. 가정에서의 문제로 힘든 아이들을 학교 선생님이 모두 다 포용할 수 있을까? 함께 가는 길은 없는 것인가?

햇수로 7년 넘게 가르치고 있는 A 학생이 있었다. 동글동글한 인상에 눈동자도 맑고 귀여운 강아지상의 여자아이이다. 한눈에 보기에 똘똘하고 공부 잘하는 모범생처럼 보이는 친구이다. 사실 이 A 학생은 또래보다 학습 습득 시간이 늦다. 구구단을 외우거나 수학 공식을 외우는 것을 너무 힘들어했다. 초등 고학년이 되어도 가로와 세로를 많이 헷갈렸다. 항상 밝고, 명랑하고, 예의 바른 학생이지만 기본 상식이 부족하다 보니 늘 남들보다 수십 번 반복해야 하고 다양한 입체적인 방법으로 같은 내용을 설명해 줘야 겨우 하나를 얻어 갔다. 열을 가르치면 하나를 아는 셈이었다. 늘 같은 정리 내용의 반복과 확인 테스트와 수많은 문제 풀이를 하던 가운데 점점 수학 점수가 나아졌다. 자신이 제일 좋아하는 과목이 수학 과목이라고 말할 정도로 아주 기특한 녀석이다. 새 학기가 되어 새로운 내용을 배우는 일은 영락없이 돌에 새기는 작업처럼 더디고 힘들었다. 그래도 언제나 웃는 얼굴에 공부하는 태도가 제일 이쁜 아이였다.

학원을 너무 어린 나이에 와서 또래 학원 친구들이 거의 없다가 고학년이 시작되는 어느 날 드디어 친구들이 학원에 들어왔다. 이 A 학생은 그토록 기다렸던 또래 친구들이 오자 그냥 기뻐했다. 친구들은 그냥 평범했지만, 성격들이 아주 화끈한 친구들이어서 짜증 나면 짜증 나는 대로 툭툭 아무렇지도 않게 A 학생에게 함부로 대할 때도 있었다. 멀리서 가르치는 이의 입장으로 볼 때는 그 나이 친구들이 나누는 허물없는 대화였고, 가끔 말 속에 가벼운 욕이 들어가는 정도였다. 그러다 성격이 적극적인 친구들이 좀 심하다 싶을 정도의 언행이나 장난을 가끔 걸어왔다. 내 생각엔 기분 나쁘고 화를 낼 만한 상황이었다. 하지만 성격 순한 A 학생은 '그냥 좋은 게 좋은 거다.' 하고 넘어갔다. 오히려 다음번에 간식을 가져와 나눠 주며 친구들의 거친 표현들을 무마시켰다. 눈에는 눈, 이에는 이의 방식이 아닌 친구가 못되게 말하는 것에 허허 웃으며 방어했다. 포용 능력이 뛰어난 A 학생이라고 생각했다. 배려심이 많은 아이라서 사회성도 아주 좋은 학생이라고 나는 나름 A 학생의 성격을 정의했었다.

그러던 어느 날 성격 좋은 A 학생의 어머니에게서 전화가 왔다. A 학생이 공황 장애 초기 증상으로 병원에서 상담 치료를 받고 있다고 했다. 항상 불안하고 스트레스가 많아 숨쉬기가 어려웠었다고 했다. 밝게 항상 웃던 사교성 좋은 학생은 불안 장애가 있는 아픈 아이였다. 주변 아이들보다 항상 늦고 이해가 어려우니 늘 아는 듯이 그냥 "아~ 맞다." 하고 은근슬쩍 넘어갔다. 상처 주는 아이들에게 반항이나 싫은 소리 한번 못하고 그냥 마음을 내 주었다. 그렇게 견디다가 불안 증세가 왔다는 것이다.

착하고 성실해 보였던 A 학생은 마음 돌보기가 필요했다. 아이들에게 자신이 좋아하는 일을 하게 하고 마음을 표현하는 방법을 가르쳐야 했었다. 못해도 상관없다고, 나를 좋아하는 사람이 있듯이 나를 싫어하는 사람도 있다는 것을 알려 줬어야 했다. 미움받을 용기는 자존감을 높이고 삶을 더 여유 있게 볼 힘을 길러 준다. 그 역할과 방법을 어른들이 가르쳤어야 했다. 스스로를 인정하고 사랑하는 법을 배우는 곳이 학교도 아니고 가정도 아니고 학원도 아니라면 정작 어디에서 배워야 하는 걸까? 또래 친구들에게서 배울 수 있는 것인가? 어른들은 무엇을 하는 것일까? 열심히 자신의 역할을 하며 살아가는 아이에게 응원을 보내는 일. 스스로를 사랑할 줄 아는 아이로 키우는 것이 사회의 역할, 학교의 역할, 어른의 역할이 아닐까?

대안 학교가 많이 이슈가 되었다. 아이들의 인성 교육이나 자연 친화 교육, 인류애를 가르치는 학교들도 생겨나고 있다. 학생들이 원하는 일을 할 수 있도록 도와주는 직업 학교도 대안이 되는 학교의 미래상일 수 있다. 세계 최고의 학교라고 일컬어지는 유명 학교에서는 아이들 생각에 깊이를 주는 철학 공부를 기본 교양 과목으로 배운다. 살면서 필요한 방법들은 생각하는 법을 기르는 것이다. 철학자의 이름을 외우고 시대 연도를 나열하는 도식화된 수업이 아니라 삶의 문제의식과 고민을 풀어놓는 토론 수업이다. 책 읽기 수업 등 간접 경험이나 생각을 표현하는 방법으로 활용도가 높은 수업을 하는 곳도 많다.

선생님의 변화가 무엇보다 필요하다. 우리나라의 선생님들이 담당하는 학생 수는 예전에 비해 적어졌다지만 여전히 많다. 1년에 25명 정도의 학생들을 관리한다. 그들의 수업뿐만 아니라 직업적 서류 작업이나 상부의 보고서 작업이 상당히 많아 수업 연구에 필요한 시간이 많이 부족한 실정이다.

EBS는 〈학교란 무엇인가〉라는 이름의 초대형 교육 프로젝트를 제작하여 화제가 되었다. 학교의 교육은 가정의 뒷받침을 토대로 이루어진다. 가정이 불안하고 안전하지 못하면 학교에서 아무리 좋은 교육을 해도 심리적 압박을 무시할 수 없다. 가정에서는 부모와 자녀의 건강한 소통과 편안한 분위기가 중요하다. 부모는 어떤 상황에서도 아이를 믿어야 한다. 행복한 유년 시절을 보낸 사람은 자신이 하고 싶은 것은 무엇이든 할 수 있다는 자신감을 가진다. 여기에선 "교육의 목표는 무엇일까?"란 질문에 "모두가 진정으로 행복한 삶을 이룰 수 있도록 돕는 것"이라고 말하고 있다. 과연 우리 학교의 교육이 모두가 행복한 삶을 위해 진행되고 있는지 멈추어 생각해 봐야 하는 시기이다. 배우는 것은 즐거운 것이라는 생각을 가정에서 부모에게 먼저 전달받고 아이 스스로 가치 있는 사람이라 여기며 남과 함께 살아갈 수 있도록 가르쳐야 한다. 세상은 혼자 사는 세상이 아니고 불안하게

엄마, 나 고등학교
자퇴할래요

서열화하는 데에서는 행복을 찾을 수 없다. 서로 믿고 소통하는 가운데 아이의 잠재력을 끄집어내고 행복한 삶을 살도록 이끌어 주는 것이 교육이라는 결론을 얻었다.

학원을 운영하다 생기는 애로 사항을 함께 나누는 지인이 있다. 동네에서 영어를 지도하시는 개인 교습 선생님이다. 개인적으로 대학 선배이기도 했고 우리집 둘째와 같은 학년을 둔 학부모이기도 했다. 정말 아이러니하게도 둘 다 사교육 지도를 하고 있지만 자녀교육은 시간에 쫓겨 맹목적으로 다른 교육 시설에 맡기지 않도록 어린 유아기 시절부터 품앗이 공부를 같이했다. 각자 나름의 교육 철학으로 자녀들이나 학생들을 지도하고 있었다. 과목은 다르지만 학생들에게 최선을 가르치고 가장 쉽고 즐거운 학습 분위기를 만들자는 것이 서로 통하는 공통점이었다. 그래서 그런지 학생을 서로 공유하게 된 적이 많았다.

어느 날 오랜만에 만난 이 영어 선생님과 대화 도중에 한 학생의 이야기가 나왔다.

"우리 둘째랑 친구였던 김재연이란 친구 알지? 나랑 영어 수업하고 자기 학원에서 수학도 다녔을걸?"

3~4년 전 중학생이었던 착실하고 얌전한 여학생이 떠올랐다.

"네, 기억나요. 왜요?"
"음…… 있지……."

바로 이야기를 못 하고 주저하듯 말을 꺼냈다.

"얼마 전 장례식에 다녀왔어. 둘째랑 같이. 4월에 그만 그렇게
가 버렸더라고."
"어머, 왜요? 아니 왜? 올해 대학 갔다고 들었는데? 4월이면
얼마 안 되었잖아요?"
"그러게. 두 달 전 장례식장에서는 그냥 사고였었다고 해서 너
무 안타까웠지 뭐야. 그런데 엊그제 49재 지내고 전화했는데
그냥 단순 사고가 아니었더라고. 자살한 거였대……."

"헉……." 숨이 놀라 벌어진 입으로 확 들어오다가 출구가 막혀 딱
갇힌 기분이었다.

사춘기인 아이들을 많이 만나 그 나이 또래를 정말 많이 가르쳐 봤
다. 심리적으로 불안하고 가정이나 학교나 매사에 불만을 터트리고

삐딱하게 불성실한 아이들도 정말 많이 봤었다. 그런데 재연이는 정말 온순하고 착한 학생이었다. 많은 양의 숙제도 묵묵히 다 해 오고 지각 한 번 결석 한 번 하지 않는 성실한 학생이었다. 말수가 없었지만, 소극적인 성격도 있으니 크게 문제가 없었고 재미있는 우스갯소리에도 수줍게 미소만 띠던 여린 학생이었다. 그런데 그 엄청난 일을 스스로 해 버리다니……. 자기 생명을 끊을 정도의 못 견딜 갈등이 순한 마음 안에 있었다니 너무 놀라워서 말을 제대로 이을 수가 없었다.

"이유가…… 아니 왜…… 유서나 뭐 그런 게 있었대요?"
"잘은 모르겠지만 아빠와 갈등이 심했었다나 봐. 그 집 아빠가 완전 가부장적이었대."

아이의 성격상 아빠나 선생님이나 다른 갈등 요인을 겉으로 내색하지 못하고 속으로 삭였던 모양이다. 학업 스트레스, 자신과 다른 가치관이나 요구 사항을 거절하지 못하고 내내 반대의 마음만 간직한 채 수긍하며 살았나 보다. 지옥같이 힘든 입시 생활도 지나고 대학 생활을 자유롭게 만끽할 새내기인데 그런 선택을 했다는 건 탈출하거나 더 이상 극복할 수 없는 그 무엇이 벽으로만 느껴졌나 보다 하고 나름대로 생각할 수밖에 없었다.

그러고 보면 10대에 반항하고 사고 치는 아이들은 얼마나 건강하게 자신의 욕구를 분출하고 있는 것인지 새삼 대견스럽다. 안으로 곪아 터지고 폭탄이 되어 버리기 전에 밖으로 내지르는 행위를 받아주고 용인해 주는 따뜻한 가정과 학교가 되면 얼마나 좋을까 생각했다. 다 자란 성인들도 심리적인 압박감과 미래 불안감이 상당한데 무조건 따르고 순응하라는 말로만 청소년을 묶어 놓기에는 젊은 혈기가 끓어넘친다.

학교 수업을 본 적이 있는가? 학부모들에게 보여 주는 정기 공개 수업이 아니라 진짜 평소의 수업을 말이다. 새벽부터 아침밥을 거르고 등교하는 아이들은 지각을 면하려고 교문 밖에서 뛰고, 명찰이나 교복에 신경 쓰기보다 염색과 세팅을 교묘히 감춘 헤어스타일에 비비크림과 틴트를 바르며 용모 단정하게 나름의 신경을 쓰며 등교한다. 그나마 왁자지껄 들어가는 등굣길은 살아 있는 학교이다. 수업이 시작됨과 동시에 여기저기 고개를 떨어뜨리는 학생들, 점심 먹고 난 오후에는 아예 엎드려 자는 친구들이 과반수다. 선생님도 연일 반복되는 아이들의 무기력에 수업을 계속 미룰 수 없고 야단치기보다 남은 학생들과 수업을 마무리한다. 눈이 풀려 맹목적으로 학교에서 멍~ 하니 시간을 죽이고 하교 시간만 기다린다. 무기력하게 늘어지고 허공을 응시하던 동공들은 자신의 의지이든 아니든 기존 교육 체계에 대한 심각한 반항이고 소리 없는 절규이다. 반항과 큰소리로 대드는 아이는 안에 밟힐 수 없는 자존심을 가진 아이들이다. 그들만의 용기로 발악하고 살아 있음을 표현한다. 그런 아이들을 보는 어른들은 닥치고 공부만 하라 한다. 그놈의 공부, 공부! 성적, 성적!! 그것이 그들을 위한 일이라고 스스로 합리화한다. 사회가 원래 그런 거라고 단정 짓는다. 생각하지도 않는 좀비들을 키우는 것이 우리가 원하는 교육이란 말인가?

아이가 활동하는
미래 사회

○ 미래 4차 혁명

현명한 아이들은 자신의 시간이 무의미하게 없어지는 것을 안타까워한다. 내가 희정이라면 어땠을까 다시 생각하기 시작했다. 30년 전 나의 학창시절도 숨이 막힐 것 같았다. 대학이라는 목표를 두고 학교 공부를 성적순 일렬종대로 세우는 것이 뭔가 못마땅했다. 가진 자와 못 가진 자, 권력을 누리는 자와 복종하는 자, 공부를 잘하는 자와 그렇지 않은 자 등 사람을 나누고 구분하고 차별하는 것이 마음에 들지 않았다. 좋은 성적과 대학 합격이 없이는 나의 빛나는 미래를 보장받지 못할 것이라는 믿음을 줬다. 혼자 공상을 하고 반항을 하다가 중요한 고3을 허투루 보내고 나서 나는 보기 좋게 대학에 떨어졌었다.

　대학 낙방을 하니 주변 사람들이 보는 시선이 부담스러웠다. 학교에서 합격한 친구들이 활개 치는 모습에 질투가 났고 친척들의 전화 안부가 부담스러웠고 눈길을 주지 않는 부모님이 못내 서운했었다. 사회의 낙오자, 아웃사이더, 주변인, 부적응자, 이방인 등등 나를 주눅 들고 힘겹게 만드는 단어들로 둘러싸였다. 내 인생인데 이렇게 주저앉을 수는 없었다. 부모님은 어려운 집안 살림에 여자아이를 재수까지 시킬 마음은 없으셨다. 무릎을 꿇고 사정사정해서 간신히 어렵사리 재수 생활을 시작했다. 고등학생이 아니니 정신이 번쩍 들었다. 학교라는 울타리가 없고 그 어디에도 소속감이 없으니 자유는 불안함을 증폭시켰고 나는 스스로 두 팔을 감싸고 움츠러들었다. 집에서 멀리 떨어진 서울 유명 재수 학원에 다니려고 새벽 첫 전철을 탔다. 새벽 첫차는 의외로 사람들이 많다. 먼지가 뽀얗게 묻은 큰 가방에 묵직한 공사장 연장을 들고 타는 인부들도 있었고 머리카락이 뻗쳐 있는 회사원들이나 허리춤에 낡은 배낭을 멘 나이 드신 아주머니들도 있었다. 모두가 바쁘게 살아가는 사람들이 전철을 빼곡히 채웠다. 나도 그들과 함께 전철 칸에 올라타며 하루를 비장한 각오로 시작했다. 서로에게 아무런 말이 없지만, 새벽 첫차의 사람들은 모두 삶에 대한 에너지로 가득 차 있었다. 나는 아직도 그 시절 새벽 첫차의 에너지를 기억한다. 두 번 다시는 떨어질 수 없다는 각오, 꿈꾸는 미래에 대한 설계, 현재의 고통이 언젠가는 환원되어 보상받으리라는 믿음, 열심히 살아가고 있다는 자신에 대한 격려였다.

재수 학원에서도 단과 학원의 인기 강의를 들으려고 여러 학원의 수업 시간표를 모아 나만의 커리큘럼을 짰다. 그 당시엔 인기 수강 과목은 돈을 주고도 수강하지 못했다. 전달 수강증이 있어야 다음 달 재수강이 되었지만, 전달 수강증 얻기란 하늘의 별 따기처럼 어려웠다. 웃돈을 주고 전달 수강증을 파는 이도 있었다. 매달 수강 첫날 학원 지하실에서는 몇 장 안 되는 인기 수업을 수강하기 위해 밤을 새우는 진풍경도 벌어졌다. 지금처럼 인기 강사의 인터넷 강의가 흔한 시기에는 우스운 해프닝일 것이다. 밤을 새우며 기다렸는데도 야속하게 몇 명 앞에서 수강하려는 과목이 마감되는 일도 빈번했다. 하지만 그렇다고 포기할 수는 없다. 수강증 없이 도강을 시도했다. 두세 강의실을 터서 만든 공간에 일이백 명이 동시에 수업을 듣는다. 마이크를 든 인기 강사 수업을 어떻게든 들으려고 도강을 하다가 수강증을 검사하는 학원 관계자에 의해 제자리에서 일으킴을 당하고 그 많은 이들 앞에서 망신을 당했다. 학원 교무실에서 서약서를 쓰고 난 다음에도 또 몰래 도강을 하곤 했다. 대학 합격에 목숨이 달렸다고 생각했으니 미친 듯이 공부했다. 학력고사를 본 후 마침내 나는 서울의 유명 대학 중 한 곳에 당당히 입학했다. 대학에 합격한 후에도 얼마간은 눈물 없이 재수 생활 이야기를 못 할 정도로 힘이 들었다. 어렵사리 들어간 대학교 생활을 하나라도 놓치지 않으려고 하고 싶은 모든 활동을 즐겼다. 동아리 활동, 학생회 활동, 연합 동아리 봉사, 독서 토론회, 실기가 많던 전공 과목 공부까지 눈코 뜰 새 없이 바빴다. 재미있는 추억거리가 가득한 대학 시절이었다. 벌려 놓은 수많은 일을 수습하기 위해 힘이 들었지만 힘든 만큼 더 좋은 결과가 나타났다.

졸업 후 온 나라가 IMF로 힘들었어도 나는 대학 졸업장으로 취업도 하고 과외도 했으며, 어디 나설 때나 든든한 나의 방패막으로 삼았다. 학벌로 인정받는 것이 그동안 힘겹게 고생하고 노력한 결과라고 분명하게 느꼈다. 그 당시 대학 진학률은 지금보다는 훨씬 적었으므로 확실한 메리트가 있었기 때문이다.

30년이 지났다. 아직도 교육은 한 줄 세우기를 한다. 성적으로 줄을 세우고 좋은 대학 출신으로 줄을 세운다. 학벌이 우리 아이들 세대에도 아직 성공을 보장할까?

나도 안다. 우리나라는 지금 지독하고 지지부진한 저성장률로 전전

긍긍 이어가고 있다. 부모님 세대는 전쟁 폐허국에서 엄청난 것을 일 궈 놓았다. 세계 최대 빈민국에서 지금은 세계 선진국이라 불릴 만큼 이뤄냈다. 국가경쟁력은 고속 성장을 하다가 10년 전부터 하향곡선 을 그리거나 저성장이 되고 있다. 뭔가 다른 탈출구가 있지 않으면 실 업률은 계속 높아지고, 눈이 높아질 대로 높아진 국민 수준을 만족시 키지 못할 것이다.

나는 희정이가 어릴 때부터 인생은 원하던 일을 스스로 찾아가는 과정이라고 말하곤 했다. 희정이는 지금 그 길을 가는 과정에서 힘든 선택을 한 것이다. 물론 삐딱하게 보면 공부하기 싫은 핑계같이 보이 고 게으름 피우기 좋은 이유를 댄 것이라 할 수 있다. 희정이가 살아 갈 사회는 내가 겪은 사회와 전혀 다르다. 나의 부모님 세대와 내가 자란 세대가 다르듯이, 급속도로 변한 사회에서 세대 간의 가치와 생 각은 다를 수밖에 없다. 정답이 무엇인지도 모르지만 그렇다고 막살 아야 하는 것도 아니다. 자신이 선택한 길에 애정을 가지고 산다면 어 느 것도 틀린 답이 아니다. 나는 그저 지금 희정이가 현재를 불편해하 거나 불행하게 느끼지 않기를, 편안하게 사랑을 느끼며 자신이 원하 는 것에 도전하는 삶을 살기를 바랄 뿐이다.

4차 혁명의 시대를 준비하고 있다. 이미 진행 중이다. 우리 아이들이 사회에서 창의적 인재가 되는 데 필요한 것들은 무엇이 있을까? 아이를 위한 공부도 해야겠지만 내가 살아야 할 미래사회도 알아야 어리석은 실수를 하지 않기에 앞으로의 시대를 공부하기로 했다.

미래사회를 공부하기에 앞서 먼저 과거의 상황을 점검해 봤다. 80년대는 한국이 경제 성장을 하고 중공업과 증권이 떴던 시기이다. 베이비 부머인 1950~60년대 출생한 이들이 10대인 시절에는 카세트 라디오에 열광하고 라디오 팝송을 따라 불렀다. 88올림픽에서 메달도 엄청나게 따기 시작했다. 국제적으로 우리나라의 이름을 알리는 계기가 되었다. 젊은 세대의 인구가 많으니 그 세대가 좋아하고 소비하는 생산품대로 경제가 돌아가고 운동 기량이 좋아진 젊은 운동선수들이 대거 등장했다. 90년대에는 베이비 부머들이 2~30대가 된다. 프라이드나 티코 같은 소형차가 불티나게 팔렸고 그들이 3~40대가 되는 2000년대에는 본격적으로 자동차 산업이 커지고 부동산 가격이 더 크게 떴다.

우리나라의 이미 지난 과거로부터 어떻게 미래 전망을 알 수 있을까? 시야를 좀 더 넓혀 주위를 돌아보면, 베트남의 인구 피라미드는 우리나라의 80년대와 가장 비슷하다고 한다. 우리나라의 경제 흐름을 주도하는 세대는 60년대생 베이비 부머 시대에 태어난 사람들이다. 그들을 쫓아 앞으로 우리나라 미래 산업의 초점을 실버 산업 서비스에 맞출지 아니면 베트남처럼 전 세계로 관심을 돌려 신흥 개발도상국에 투자할지 과거를 보고 미래를 예측할 수 있다.

잠시 서울대 인구학자인 조영태 교수의 책 〈정해진 미래 시장의 기회〉를 살펴보면, 아직 다가오지 않은 미래를 정확히 예측한다는 것은 어렵지만 미래의 인구는 비교적 정확히 예측할 수 있다. 태어난 세대가 점점 나이가 들기 때문이다. 대한민국 인구의 미래 전망은 한마디로 위가 넓은 팽이 모양이다. 세대가 지날수록 출생 수가 급격히 줄어들기에 위태위태하게 팽이가 돌고 있다. 인구 분포에 따라 사회 현상과 경제 종사 분포도 확연히 차이점을 드러내며 달라지고 있다.

전쟁 이후 태어난 세대는 베이비 부머 세대로 우리나라에서 인구가 가장 많이 분포한다. 이들이 정년퇴직하고 환갑의 나이로 제2의 경제 활동을 준비 중이다. 2021년에는 60세가 넘는 인구가 89만 명이 될 예정이다. 반면 최저 출산이 시작된 2002년 48만 명이 태어난 후 2016년까지 매해 40만 명대 아이가 태어났다. 2017년에는 35만 명으로 최저치를 기록했다. 80년대 초 100만 명에서 한 세대만에 절반 이하로 급감한 나라가 된 것이다.

이는 결혼 연령이 점점 늦어지고 아예 결혼하지 않는 인구도 늘고 있으며 결혼을 해서도 경제적 이유나 교육 환경 등의 문제로 아이를

엄마, 나 고등학교
자퇴할래요

낳지 않는 부부들도 증가하고 있기 때문이다. 사회는 점차 1인 가구가 늘어난다. 비혼 가정 인구뿐만 아니라 결혼한 정상 부부들도 주말 부부나 기러기 아빠 등이 늘어났기 때문이다.

인구의 재구조화로 돈을 버는 수단이 많이 달라졌다. 청년층을 위한 귀농 정책을 펴고, 우리나라의 먹거리를 해결할 전문화 교육인 특수목적 고등학교를 육성한다. 주문자 생산 방식인 OEM 등 소비자와 다이렉트로 연결된 유통 구조를 개선하고 기술력 향상으로 해외 OEM 방식도 고려한다. 보육 시장은 아이들이 점차 줄어 지방 어린이집들은 문을 닫거나 규모를 줄이고 있다. 천편일률적인 교육 대신 다양한 콘텐츠와 교사, 원장, 보육 인력의 수준을 높이고 있다. 사교육 시장에서는 더 이상 입시를 위한 사교육을 하지 않을 것이다. 반면 달라지는 지식과 기술을 습득해야 하는 중년의 학습 욕구가 커짐에 따라 관련 교육 시장은 확대될 것이다.

아이들 미래에 대해서도 인구 분포를 잠시 엿보면 중고생의 사교육 시장은 어떻게 변하게 될까? 1990년대까지는 매년 70만 명이 태어났다. 2002년부터 48만 명에서 점점 줄어들어 2017년 35만 명대로 줄어들었다. 강남, 목동, 노원 등의 대규모 학원 밀집 지역으로 아이들은 여전히 모여들지만, 지방의 학원 상당수가 문을 닫게 될 전망이다. 대학의 입학 정원수는 고정되어 있는데 지원하는 학생이 없다면 어떻게 될까? 인기 없는 대학이 사라지고 인기 없는 전공학과가 사라지게 된다. 대학 졸업자가 대다수이니 변별력도 없다. 사회적 풍토가 학교 성적만으로 학생을 뽑을 수가 없다. 정부에서 고졸 인재들도 기업에 채용하도록 힘을 실어 주고 굳이 대졸 학력이 아니어도 되는 일자리도 충분히 제공된다. 고용의 불안정으로 사교육은 재취업을 위한 공무원 학원이나 외국어 학원이 크게 성장세이고 성인들의 재교육 시장은 활성화될 것으로 전망한다. 해외시장 진출도 확장할 것이다.

대학은 더 이상 19세 청소년만 받아서는 운영할 수가 없다. 입학 정원보다 진학 희망 학생의 수가 적어지기 때문이다. 규모 축소로 대학의 수많은 종사자들이 구조조정 된다. 시간제 강사 자리라도 얻기 위해 대기 중인 박사급 인재들과 지방 중소 도시들의 대학들에게는 엄청난 혼란이 기다리고 있다.

이런 상황이라면 내가 아이들에게 공부, 공부! 하는 것이 잘하는 것인가? 다른 것은 다 제쳐 두고 공부만 잘하는 것이 효도인가? 다시 한번 멀리 앞을 내다봐야 한다. 스터디를 하는 모임이 있었다. 모두 아이들을 어느 정도 키운 4~50대의 엄마들이었다. 자신들은 대학을 나오고 사회에서 인정해 주는 위치에서 전문가로 활동했고, 아이들은 공부 잘하고 모범생들이 많았다. 그들의 자녀들이 대학을 가고 유학을 갔다. 엄청난 학비와 해외 유학비, 생활비를 대느라 엄마들은 그동안 모아 둔 노후 자금까지 탕진하게 생겼다고 하소연했다. 자녀는 엄청난 고학력이 되어 돌아왔지만, 현재 고학력자는 대기자가 너무나 많았다. 운이 좋아 어떻게 직장 생활을 한다고 해도 늦은 나이에 결혼 준비와 사회 생활이 자녀에게도 만만치 않은 버거움이다. 부모는 평균수명이 늘어나고 노후 자금도 다시 원점부터 스스로 벌어야 한다. 고달픈 인생의 반복이라고 생각되었다.

영화 〈인턴〉에서처럼 70대 인턴과 30대 CEO 시대가 낯설지 않게 될 것이다. 대졸 20대 젊은이만 신규 채용 대상자로 삼기 어려워질 것이기 때문이다. 도시로 모든 인재가 몰리게 되고 공채가 사라질 가능성도 크다. 공채란 대기업 등지에서 많은 수의 신입 사원을 대거 뽑고 신입 연수 교육을 한 뒤 나중에 부서를 배치하는 시스템이다. 드라마 〈미생〉에서처럼 언제 어떻게 쓰일지 모르기 때문에 입사 원서에 다양한 스펙을 요구한다. 요즘 기업의 인재 채용 방식이 바뀌고 있다. 신입 연수를 보내거나 사내 교육을 원활하게 숙지할 정도의 인력을 만들기 위해선 시간적 경제적 비용이 든다. 기업이 경영혁신 등으로 공채를 없애고 관련 부서에 필요한 전문 신입 사원만 뽑게 된다면, 교육 시간과 비용은 줄이면서 가장 적합한 인재를 최대한 활용할 수 있게 되는 것이다. 전문화를 강화하게 된다면 중년 직장인도 재취업이 가능한 노동 시장이 열릴 것이고, 청년층, 장년층, 은퇴자들 모두 동등하게 인력 시장에 나타나게 될 것이다. 누군가의 획일화되는 교육은 더 이상 필요하지 않게 될 것이다. 시대를 바로 읽는 혜안이 필요하다. 나는 내 아이들에게 어떤 교육을 할 것인가?

자신의 삶을
선택할 권리

○ 행복인권선언

　과거 대가족에서 자란 5060 부모님 세대들은 형제자매도 많고 한 집에 할아버지, 할머니부터 삼촌, 고모까지 함께 살았다. 그런 집안에서는 대화할 상대도 많고, 보고 자라는 것도 많았다. 반면에 자신만 바라보며 일거수일투족을 바라보는 눈은 적었다. 해야 할 일들을 정해 주거나 따라다니며 점검받지 않았다. 많은 사람 속에서 자신이 해야 할 일을 스스로 찾아내야 했다. 게다가 전쟁 직후라 척박한 환경 속에서 생존을 위해 전력투구해야만 했다.

　지금의 7080 부모들은 산업화 시대 핵가족화로 변화되는 시기에 자랐다. 보고 듣고 참고할 만한 집안의 어른이 적었고 그들의 부모들은 먹고살기에 바빴다. 낮 동안 가정에 남겨진 아이들이 스스로 할 일을 찾아서 해야 했고 그 일을 책임져야 했다. 책임감이 따르지만, 자신의 삶을 스스로 선택할 자유가 있었다.

현재 아이들에게 어떤 행동을 하고 있었는지 생각해 보기로 했다. 나는 내 아이에게 자신의 삶을 스스로 선택할 수 있는 자유를 주었을까? 내 아이에게 완전한 자유를 내맡겨 본 적이 있었나?

물론 인간은 혼자서만 살아갈 수 없다. 태어난 아기는 연약하디 연약하다. 자연의 동물들처럼 어미의 배 속에서 태어나 몇 시간 만에 스스로 걸어 다닐 수 있는 존재가 아니다. 추위와 더위를 조절해 주고 주기적인 시간마다 먹여야 하고 먹은 후 배설을 깨끗하게 치워 줘야 한다. 사회적 동물로 키우기 위해 끊임없이 말을 걸고 스스로 일어나 걸어 다닐 수 있도록 실패를 지켜봐 주고 격려하며 자신감을 북돋아 줘야 한다. 부모나 보육자가 있어야만 살아갈 수 있는 존재이기에 꼭 필요한 과정이다.

하지만 나는 그 양육이라는 기간이 언제까지일지 명확한 선을 긋지 않았던 것 같다. 성년이 되고 나면 손을 떼어야 하나? 대학에 붙고 나면 내 양육의 의무는 끝나는 것인가? 나는 너무 오랜 시간 동안 한 가지 방식만을 교육 방침으로 취했었다. 자녀를 갓 태어난 아기로 취급하며 모든 것을 대신해 주고 실패를 허락하지 않았다. 아이들 성장을 돕는 일은 태어나 걸을 수 있도록 돕는 일, 스스로 대소변을 가리도록 하는 일, 언어를 익히고 의사소통할 수 있도록 가르치는 일, 감정을 알고 작은 사회에서 관계를 맺는 법을 알게 해주는 일 등등이 있을 것이다. 이것은 그러나 유치원에서 모두 끝나는 일이다. 로버트 풀검의 〈내가 정말 알아야 할 모든 것은 유치원에서 배웠다〉라는 책이 30년 넘게 읽히는 베스트셀러인 까닭일 것이다.

초등학교에 입학한 아이들은 비로소 그동안 배운 방법을 스스로 실전에 사용할 연습 공간을 만나게 된다. 초등학교, 중학교, 고등학교에서 아이들은 학생의 신분이다. 사회에 나가기 위한 준비의 시간인 것이다. 끊임없이 시도하고 실패하고 수정하면서 자신의 것들을 만드는 기회의 장이다. 아침에 일어나는 시간부터 스스로 알아서 일어나야 한다. 늦게 일어나면 등교 시간이 늦고 사회적 약속을 어기면 불편함을 느껴야 한다. 준비물을 미리 알아서 챙겨야만 친구들과 함께 즐거운 수업 시간에 함께 참여할 수 있다. 엄마인 내가 아이의 준비물을 챙기는 것을 잊더라도 아이는 자신이 필요한 것을 정확히 알고 요구사항을 말할 줄 알아야 한다. 친구들과의 갈등에서 싸우고 불편한 관계보다는 화해하고 감정의 찌꺼기가 없는 상태가 편하고 좋다는 것을 깨닫게 되면 상대를 거스르게 하는 행동이나 말투를 스스로 바꿀 수 있다. 자신이 잘하고 흥미 있는 일을 주변에서 칭찬하는 것에 기쁨을 느끼고 계속 발전하는 과정을 즐긴다. 사회에 나가 성숙한 어른으로 살아갈 준비를 한다. 무엇을 하고 살지 스스로 생각해 보고 결정하고 준비하는 학생 시기를 아이 스스로 적극적으로 살아야 한다.

나는 과잉보호를 하고 있지 않다고 생각했지만, 아이가 사회적 인간으로 잘 살아갈 기회를 박탈하고 있었는지도 모른다. 실패하지 않도록 옆에서 하나같이 섬세하게 도움을 주었었다. 학교 친구와의 싸움에서 그냥 아이들끼리 해결하도록 놔두지 못하고 득달같이 학교폭력위원회를 소집하고 상대 부모의 사과를 받아 내거나, 그런 친구들과 더 이상 가까이하지 말라는 접근 금지 명령 따위를 하는 부모들도 자신의 아이들에게 전혀 도움이 되지 않는다는 것을 알아야 한다. 불안한 심리와 내가 살아갈 사회에 금을 긋는 행위를 가르치는 것이 아이에게 결코 좋은 영향을 끼칠 수 없다. 사람은 혼자 살아갈 수 없듯이 서로 배려하며 더불어 사는 가치를 배워야 한다.

목표와 이상은 완벽해 보인다. 학교가 좋은 대학에 진학하고 좋은 직업을 갖는 것을 우선순위에 두고 공부 잘하는 학생을 우대한다고 하더라도, 공부가 최고가 아님은 진실이다. 우병우가 아무리 공부를 잘하고 최고의 위치에서 잘 먹고 잘살아도 타인을 존중하며 살아가는 방식은 배우지 못했다. 땅콩 회항 조현아처럼 재벌 집에서 떵떵거리는 부와 권력을 누려도 인성을 배우지 못하면 결국 인생 바닥으로 추락하고 마는 것이다.

학교는 공공연히 성적 위주의 수업으로 흘러간다. 대학 입시를 위해 운동량이 부족한 청소년들의 체육 시간을 없애고 미술 시간 음악 시간을 과감히 무시한다. 점점 국·영·수 과목 이외의 교과목은 부차적인 과목으로 인식하여 대체되기도 한다. 대학 입시의 성공이 사회의 성공이라고 생각한다. 부모는 아이들에게 끊임없이 좋은 성적을 강요한다. 학교가 끝나면 또 늦은 밤까지 학원으로, 선행 학습과 문제 풀기로 아이들을 돌린다. 아이들이 자신의 미래를 생각할 여유를 주지 않는다. 무조건 이 말이 맞고 대학 입학 이후에 원하는 것을 하라고 말한다. 한눈팔 시간은 절대 주지 않는다. 스마트폰을 뺏고 친구와의 만남을 제지하고 오로지 성적 올리기에 올인한다. 정작 필요한 것, 친구와 소통하는 힘, 관계를 맺는 능력, 생각하고 사유하는 방법, 철학과 인문적 지식은 다 놓치고 오로지 단답형 답만을 학교에서 배우지 않나 생각해 봐야 한다.

첫아이를 키우며 부모로서 경험도 없고 조언을 구할 주변인도 없었다. 좋은 엄마 역할을 하고 싶었고 내 아이가 보란 듯이 사회에서 제대로 멋지게 살아가는 데 힘이 되어 주고 싶었다. 최고 학교에 입학한 아이들의 공부 습관을, 메모하고 공부하는 법을 내 아이에게 최대한 적용해 보려 했었다. 어딘가 삐걱거림을 발견했더라도 대수롭지 않게 생각하고 억지로 끌고 갔었다. 잘하는 아이들 주변에 있으면 보고 배우는 것이 다를 것이라 믿었다.

아이들 입장에서 생각해 보면 학교 입학과 동시에 그동안 마음껏 놀았던 자유를 조금씩 잃어버린 것이다. 사랑하는 부모님의 말씀이니 호응에 맞춰 주려고 노력해 보지만 점점 힘이 부족하다는 것을 느낀다. 할수록 그다음 목표는 너무나 멀기만 하다. 점점 자신에 대한 실망감, 부모의 기대에 못 미치는 불안감, 원하는 것에는 한눈도 팔 수가 없어 하루하루 사는 재미가 없다. 반짝이던 세상에 대한 호기심이 점점 빛을 잃은 암울한 모노톤으로 변해 간다. 자신의 의견을 내세우다 꺾이고 거절당하면 상처받게 되므로 스스로 뇌를 차단하고 기계적으로 시키는 대로 움직이게 된다. 오히려 그게 마음 편하기 때문이다. 생각을 없애고 시키는 대로만 하면 갈등은 없고 에너지 낭비도 없다. 나의 인생이 누군가에 의해 조종되고 아바타가 되어도 감정만 스스로 차단하면 된다. 생각하는 머리는 굳어져 버려도 내가 사랑하는 부모님이 좋아한다면 그것으로 만족이다.

얼마나 같은 내용을 많이 암기해서 적느냐가 성적의 우선순위다. 수업 내용과 다른 사실이나 교수님의 견해와 다른 차원의 생각은 금물이다. 이런 최고 학부의 최고 점수를 받은 우수한 인재들이 졸업해서 가장 잘하는 것은 무엇일까? 계속 공부하는 대학원? 박사? 교수? 새로운 전문 지식의 습득과 창의적인 사고가 없다면 사회 취업을 하든지, 창업하든지, 연구진을 하든지 성공할 수 있을까? 다른 누구의 생각이나 의지가 자기 생각과 행동을 간섭하는 것이 가능하다면 그들이 한계를 뛰어넘는 그 무엇을 해낼 수 있을까? 이전에 한 번도 경험하지 못한 다른 그 무엇을 해낼 수 있을까?

학생 시절 청춘에는 실패가 없다. 다양한 자기 생각을 시험하는 시간이다. 교과서에 나오는 암기 사항을 시험 보는 것은 극히 일부분일 뿐이다. 나는 내 아이에게 좋은 엄마가 되기 위해 더 이상 앞에 나서지 않기로 했다. 아이가 앞장서서 가면 조용히 격려하고 칭찬해 주며, 잘못된 길에서는 제자리로 찾아올 수 있도록 끝까지 지켜봐 주기로 했다. 아이의 인생을, 자신이 선택할 권리를 인정해 주기로 했다. 아이가 도움을 요청할 때, 그때 나란히 서서 함께하면 된다. 같이 가는 동행자가 되면 된다.

칼릴 지브란은 〈예언자〉에서 부모자식간의 관계에 대해 이야기한다. 그는 아이들이 부모의 소유가 아니라고 말하며, 부모를 통해 태어났지만 부모에게 속한 존재가 아니라고 말한다. 부모는 자식에게 사랑을 베풀 수는 있지만, 부모의 생각대로 만들 수는 없는 존재임을 말해 준다. 아이들도 그 자신들의 생각이 있기 때문이다. 그의 말대로 부모는 그 자식에게 '육체의 집'은 줄 수 있으나 '영혼의 집'을 줄 수는 없다. 아이들은 각자의 꿈을 꾸고, 각자의 생각을 따라 살아야 하는 독립적인 존재인 것이다.

부모가 진정으로
원하는 건

○ 인생 동행자

    부부는 결혼 생활을 시작하면서 더욱 완벽하고 행복한 가정을 위해 2세를 갖기 원한다. 물론 아이 없이 부부만 즐기며 사는 행복을 선택할 수도 있다. 보편적으로 모든 생명체는 생존 본능을 가지고 태어난다. 그러나 생명은 영원불멸할 수 없다. 본능적 생존 욕구는 종족의 보존 욕구로 발전한다. 무의식은 자신의 유전자를 남김으로써 영원불멸의 삶을 산다고 믿는 것이다. 종족 보존의 욕구를 갖는 것은 식물들도 그렇고 들판에 사는 동물들도 마찬가지이다. 그들의 번식력은 지극히 자연적인 현상이다. 먼 외계의 생명체가 지구라는 극한의 행성에 떨어져서 종족을 낳기 위한 사투를 펼치는 영화도 많지 않은가?

리처드 도킨스는 〈이기적 유전자〉에서 사람을 비롯한 모든 동물은 유전자를 이동시키는 기계라고 말하고 있다. 다윈의 자연 선택설과 진화론을 기본 바탕으 도킨스는 "경쟁 속에서 번식력을 높이고 생존력이 우수한 유전자가 나타났다."라고 말했다. 이기적인 유전자가 생명체를 생존 기계로 사용한다는 내용이다. 이는 동물의 여러 행동의 이유를 설명할 수 있다. 사자와 같은 포식자들이 같은 무리 내의 종족을 무한 경쟁으로 살육하는 일이 없는 이유가 유전자를 보호하기 위해서라는 것이다. 개미나 꿀벌처럼 군집 생활을 하며 개개인의 번식력이 없는 종이 벌이는 이타적인 행동도 유전자를 통해 전체의 종족을 보존하려는 것으로 이해할 수 있다고 한다. 인간들도 혈연관계에 유독 우호적인 이유가 바로 유전자 때문이라 설명한다. 여기에 인간은 유전자와 함께 전달하는, 동물과 다른 한 가지가 있다. 바로 문화적 자기 복제자인 '밈'을 만들어 후세에 전달하는 것이다. '밈'이란 문화의 전달 단위로 음악이나 사상, 패션, 도자기나 건축 양식, 언어, 종교 등과 같이 거의 모든 문화 현상을 범위 안에 두고 있다.

부모는 처음부터 만들어지지 않는다. 수많은 시행착오를 하며 한 해 두 해 성장해 간다. 나는 이제 겨우 열아홉 부모 나이가 되었다. 처음 아이를 잉태하고 10개월을 함께하고 아이와 출산이란 공동 작업을 한 후 인간으로서 신의 영역에 가까운 체험을 했다. 새로운 생명체를 만든 것 같은 착각이 들기도 했다. 인내와 고통의 시험에서 통과하고 난 뒤 엄청난 창조의 기쁨을 고스란히 느낀 듯했다. 그 기쁨도 잠시 체력적 한계에 부딪히는 산후조리기와 제2의 산통이라는 젖몸살과 산후우울증이 찾아왔다. 육체적 한계도 견디다 보면 시간이 흘러갔다. 아이가 점점 자라며 눈을 맞추고 옹알이를 하고 눈웃음을 주면 세상 다 얻은 듯한 행복감을 얻었다. 또 한 번의 작고 여린 사랑스러운 아기의 보호자임에 자랑스러움과 기쁨이 찾아온다. 세상에 나갈 때는 작은 고사리 손으로 내 손을 꼭 쥐고 탐험하는 아이의 전폭적인 지지자가 되어 준다. 아이의 절대적인 인생의 선배이자 함께 노는 쿨한 친구이며, 함께 성장하는 동행자로 거듭난다. 아이가 부모에게 벗어나 독립할 시기를 맞이하면 크고 작은 충돌이 생긴다. 사춘기를 겪는 아이는 몸의 성장과 정신적 성장의 불균형으로 감정 주파수가 들락날락한다. 포용력이 높은 부모라 하더라도 이 시기에는 모두가 힘들다. 힘든 전장에서 같이 뒹굴며 한바탕 전쟁을 겪은 뒤 평화가 찾아오면, 서로에게 한 단계 성숙한 인간관계로 서로를 이해하고 보듬게 된다.

부모가 아이를 원하는 것은 자신의 이기적인 유전자와 문화적인 언어, 사상, 종교, 취향 등을 전달하는 밈의 영향이라고 과학자들이 이야기할지도 모른다. 자녀가 나보다 더 나은 생활을 누리기를 원하는 이타적인 마음은 실상 이기적인 유전자가 진화를 노리는 것으로 기인한 것으로 생각할 수도 있다. 자녀와의 갈등과 수많은 시행착오를 겪을 때 다른 무엇보다 아이의 건강과 행복을 우선시한다는 것도 이런 이기적인 유전자의 조정 때문인지도 모른다. 하지만 이런 충격적인 과학의 분석은 아픈 부위를 수술대에서 마취도 없이 헤집는 결과를 낳을 뿐이다. 나는 결코 이기적인 유전자와 밈 때문에 부모의 절대적인 사랑을 폄하하고 싶지 않다.

아이의 건강을 바라는 일도 나도 모르게 조정받고 있는 유전자 때문일까? 아이의 행복을 바라는 일이 왜 문화적 전달체 때문이라고 믿어야 하나? 종족의 개체 수 보존을 위한 일개미의 희생을 숭고하다고 말하거나 일벌의 노력을 거룩하다고 말할 수는 없을 것이다. 자녀의 성취감을 보는 것은 부모에게 기쁨이다. 자녀가 활발하게 활동하며 건강하고 기운찬 모습을 보는 것은 부모에게 안정감을 준다. 자녀의 행복한 미소는 오롯이 부모에게 행복 바이러스처럼 전염된다. 부모는 자녀에게 행복을 함께 공유할 수 있는 존재이다. 자녀가 잘되는 모습에 배가 아프거나 시기 질투하거나 냉담해지지 않기 때문이다. 사랑으로 온 마음을 주는 것이 바로 기쁨이고 감사이기 때문이다. 부모가 자녀에게 원하는 것은 바로 사랑, 그 사랑을 온전히 전해 줄 수 있는 존재가 되길 바라는 것이다.

아이들에게 제대로 된 교육 환경을 만들어 주고자 어린 젖먹이를 앉혀 둔 채 영어 동요를 틀어 주고 비디오를 보며 하루 일과를 시작했다. 아이들이 잠들기 전에는 책을 읽어 주고 낮에는 오감 놀이, 마음 읽기, 여러 가지 경험들을 쌓기 위해 전국 방방곡곡 박물관 투어도 했다. 글로벌 시대에 맞추어 해외여행을 하면서도 작은 성취감을 주려고 스스로 음식을 주문하게 하고 물건 쇼핑을 하도록 격려했다. 영어로 말하는 것이 생활에 필요한 자연스러운 것임을 직접 느끼게 해 주었다.

핀란드의 교육 제도, 유대인의 하브루타, 미국의 IVY 리그 교육, 프랑스의 바칼로레아 교육 등등 세계의 모든 교육 지침서를 섭렵하며 아이에게 적용했다. 모두가 맞는 교육법을 따라 하기가 가능한가? 길다면 길고 짧다면 짧은 지난 내 자녀교육의 결론은 '될 일은 된다'는 것이다. 모든 것은 자연스러운 것이다. 엄마들의 함정은 내 아이가 되리라 믿고 있는 것이 자신이 생각하는 성공이란 협소한 틀에 갇힌 착각이란 것이다. 공부를 잘하고 사회성이 좋고 엄마가 원하는 대로 말을 잘 듣는다고 성공한 삶을 사는 것은 아니다. 놓치지 말아야 할 점이 있다. 바로 핵심을 제대로 짚는 것이다. 우리가 원하는 것이 무엇인지 생각해 봐야 한다. 아이의 성공을 원하나? 그 성공이 무엇일까? 아이가 돈을 잘 벌기를 원하는 걸까? 아이가 사회적으로 훌륭한 위치에 올라가기를 원하는가? 아이가 유명해지기를 원하나? 그것은 무엇을 위한 것일까? 아이를 위한 것인가? 아니면 그런 훌륭하고 성공한 자녀를 두고 싶은 나를 위한 것인가?

내가 아이에게 원하는 것이 있다. 열 달 동안 같은 몸에서 호흡하고 같은 음식을 먹고 같은 소리를 들었다. 감정을 같이 나눈 내 아이와의 교감은 정말 세상의 큰 행운이었다. 아이가 처음 태어났을 때를 생각해 보면 알 수 있다. 그저 건강하기만을 빌고 또 빌었다. 아이가 점점 자라서 행복하게 자신의 인생을 살기를 바랐다. 그렇다면 나는? 나는 어떤 존재로 태어났을까? 나도 부모님의 소중하고 작은 아이였다. 나는 부모님의 마음처럼 행복하게 지금 잘 살고 있는 것일까? 우리는 모두 행복해지기 위해서 태어났다. 부모님께는 나의 행복한 생활을 보여드리는 일이 진정한 효도일 것이다. 내 아이의 행복한 모습을 바라고 응원해 주는 것이 부모의 최선인 것이다. 아이의 행복이 전교 1등인가? 그럴 수 있다. 충분히 응원해 주고 칭찬해 주면 된다. 공부에 재능이 있는 아이니까. 다만 공부는 수만 가지 가운데 한 가지의 능력

일 것이다. 모든 사람은 저마다의 개성과 특징이 있다. 그 누구도 똑같은 사람이 없다. 반대로 생각하면 그 누구도 자신의 기준으로 1등이 될 수 있다는 것이다. 넘버원(Number one)이 되는 것이 아니라 온리원(Only one)이 되는 것이다. 다른 누군가를 흉내 내서는 얻어질 수 없다. 자신의 기준, 자신만의 개성, 자신이 원하는 것, 잘하는 것, 자신이 행복해질 수 있는 일을 찾아내는 것이 세상을 행복하게 사는 길이다.

우리는 너무나 많은 사회적 제약에 길들여졌다. 태어나서 성별의 구별을 받고 나이에 따른 제약을 받고 사회의 제도에 갇혀 살아왔다. 누가 만든 것인가? 그 테두리를 벗어나면 우리는 훨씬 자유로워질 수 있다. 내 아이를 정해진 틀에 맞춰 이리 깎고 저리 다져서 똑같은 제품으로 만들어 사회에 내보내지 않기로 했다. 많은 생각을 해 봤다. 나조차도 늘 아이들을 가르치는 처지라고 늘 좋은 교육을 보고 따라하고 적용해 보려 노력해 맞추었다. 물고기는 물속에 있어야 여유 있고 자유롭다. 다람쥐는 숲에서 살아야 나무를 오르며 자유롭다. 내 아이가 원하는 게 무엇인지 찾게 하자. 실패하고 부딪치며 스스로 다른 도전을 할 수 있게 하자. 열여덟, 열아홉, 스무 살까지 부모가 해 주어야 할 역할은 바로 아이가 자신의 길을 탐색하다 넘어졌을 때 옆에서 응원하는 것밖에 없다. 사나운 외부의 위험으로부터 보호해 줄 든든한 울타리를 쳐 주고 마음껏 탐색하게 하자. 그래야 자신이 무엇에 흥분하는지 무엇을 하면 시간 가는 줄 모르고 즐기는지, 자신이 해야 할 미래의 일은 어떤 것인지 알고 매일 신나지 않겠는가?

많은 부모님을 상담하면 자신의 아이들을 상당히 믿지 못한다. 사실 내가 겪게 되기 전까지 나도 그랬다. 다른 아이와 엄마를 보면 문제가 바로 보이는데 내 아이와 나 사이에는 다른 이론이 적용된다. 한 발짝 벗어나 생각하지 못하고 그 속에 빠지는 것이다. 내 아이가 자퇴하고 방구석에 틀어박혀 게임만 하고 있을 때 가슴이 부글부글 새까맣게 타들어 갔다. 저렇게 시간을 낭비해서야 어떻게 학교생활을 하지? 성적이 바닥으로 떨어지면 어쩌지? 대학에 못 가고 떨어지면 어쩌지? 낙오자가 되면 어쩌지? 거리를 방황하다 나쁜 친구들과 어울리면 어쩌지? 나쁜 짓을 하면 어쩌지? 꼬리에 꼬리를 물고 생각이 하늘을 찔렀다.

내 아이는 누구의 아이인가? 누구의 성품을 닮았을까? 자기 부모의 유전자와 자라온 환경에 가장 잘 영향을 받지 않을까? 나랑 다른 유전자 때문에 인생이 망가질까 봐 두려운 것이었나? 그 두려움을 가지고 아이를 대하면서 아이가 전혀 느끼지 못할 것으로 생각한 것인가? 아이의 어긋난 행동은 부모의 두려움, 걱정, 짜증, 분노, 슬픔 등의 느낌이 고스란히 전달되기 때문이라는 것을 알았다. 달리 마음을 먹어야 했다. 물론 머리론 이해되지만, 감정을 바꾸기는 쉽지 않다. 바로 시험이 코앞인데 책상에 앉아 문제집을 죽어라 풀고 암기를 해 대야 마음이 편안해질 것 같았다. 허나, 이는 사실이 아니다. 불안한 마음이 있다면 책상에 앉은 아이에게도 졸고 있지는 않은지 딴생각을 하는 것은 아닌지 수시로 감시할지도 모른다. 마음의 여유를 가져 보자. 잠시 한눈팔고 잠시 풀어져 있어도 언젠가는 돌아온다. 왜냐하면, 그 결과가 나이니까. 나보다 더 잘 살아 보라고 아이를 등 떠밀지 말자. 다 보고 자라는 것이니까. 내가 잘 살자.

아이 옆에서 내 할 일에 최선을 다하고 아이의 마음을 편하게 잘 다독여 주자. 아이가 아이 인생을 스스로 살 수 있도록 인정해 주자.

자퇴한 내 아이의 미래가 막연해서 별의별 안간힘을 다해 버텨 왔었다. 마치 인생이 끝난 것처럼 실패라 생각하고 절망했다. 아이의 선택이 나에게는 고통과 시련이라 생각했다. 지금은 인생 전체를 다시 한번 생각하게 하는 훌륭한 계기가 되었다.

세상에! 만약 내 딸아이가 아직도 망설이고 자퇴와 고등학교 생활 사이를 방황하면서 시간을 보냈다면 고3 수험생 뒷바라지하는 학부모가 되어 있었을 것이다. 매일 눈치를 보고 살얼음을 걷는 나도 스트레스가 이만저만이 아니었을 것이다. '차라리 내가 공부하는 게 낫지.' 하며 안 하는 아이의 뒤통수를 바라보며 속으로 부글부글 화가 치밀지도 모른다. 그 끓는 불가마를 어찌 싸안고 살았을지 정말 생각만 해도 숨이 막힌다.

희정이가 자퇴한지 2년이 다 되어 간다. 자퇴하게 했던 희정이의 첫 계획은 무산되었다. 아이돌이 되고 싶다는 생각은 접은 것 같다. 그래도 원 없이 노래를 부르고 댄스 동아리 연습을 빠짐없이 나간다. 분기마다 길거리에서 버스킹도 한다. 새벽 6시에 출근하는 아르바이트로 열심히 자기 용돈을 벌고 저축을 하고 있다. 스스로 원하는 학과를 찾고 대학을 찾았다. 희정이는 지금 한국방송통신대학 대학생이 되었다. 그렇게 목숨을 매지 않아도 우리의 아이들은 대학에 갈 수 있다. 목표와 정해진 궤도를 조금만 수정하면 된다. 희정이는 자신이 선택한 전공을 공부한 후 필요한 학업을 계속 더 진행하거나 새로운 경험을 해 보겠다는 의지도 생겼다.

세 아이를 둔 나는 지금 그 어느 때보다 자유롭다. 아이들의 생활을 하나하나 챙겨주던 부모의 역할에서 한 발짝 떨어져 아이와 나란히 걷는다. 도움을 요청할 때 살짝 나의 의견을 말해 준다. 아이가 넘어졌을 때는 눈물을 닦아 주고 포옹하며 위로하고 다시 일어설 때까지 안전한 공간을 주고 기다려 준다. 둘째와 셋째는 훨씬 여유롭다. 인생의 정답을 통달한 것은 아니지만 예전에 미처 몰랐던 여유를 찾았다. 이전의 나는 부모로서의 부담감과 책임감이 너무나 커서 아이들에게 잘 되는 방향을 어떻게든 먼저 알아봐 주고 찾아 주려 했다. 그렇게 애쓰던 것을 스스로 놓게 되었다. 될 아이는 된다. 우리가 믿는 만큼 우리 아이는 큰다. 내가 앞에서 끌고 뒤에서 밀며 힘겹게 오르는 길이 아니라 아이와 내가 인생의 동행자가 되었다. 이제 같이 살고 함께 웃는다.

새는 알에서 나오려고 싸운다.
알은 새의 세계다.
태어나려고 하는 자는
하나의 세계를 깨뜨리지 않으면 안 된다.

— 헤르만 헤세 〈데미안〉 중에서

처음 글을 쓰기 시작할 때는 나의 인생 궤도에서 벗어난 아이의 일탈에 크게 당황했다. 인생의 큰 지각변동이 생겼고 눈앞의 모든 것이 무너지는 듯 보였다. 다시 아이를 내 궤도로 끌어오려고 똑같이 힘들고 노력하고 애를 썼다. 내가 잘못한 것인지 아이가 잘못 자란 것인지 이유를 몰랐다. 그저 기대하던 방향이 아니어서 큰 실수를 하는 듯했다. 어서 빨리 빠져나오려고 허우적대다가 스스로 좌절과 절망을 했다.

글을 마무리하는 지금 나는 세상 더할 나위 없이 평온하다. 한 발짝 물러서 생각하며 주변을 둘러보고 나와 아이를 객관적으로 보기 시작했다. 큰 변화와 함께 인생을 바라보는 나의 시각도 엄청 넓어졌다. 넓어진 만큼 포용력도 담대함도 자유로움도 커졌다.

자퇴한 나의 큰딸은 자신이 잘하는 것과 적성을 조율하며 찾아가는 중이고 현재 아르바이트와 대학을 다니며 원하는 취미 생활도 마음껏 하고 있다. 나중에 대학원도 생각하고 있다. 또래보다 사회 생활을 먼저 접해서 어른스럽고 10년 뒤인 스물아홉 살이 된 자신의 모습을 그리고 있다.

나는 아이가 희망대로 잘 이뤄낼 것이라 믿는다. 설령 처음 뜻과는 다른 삶을 살게 되고 힘든 시련이 있어도 묵묵히 자신이 선택한 길을 불평 없이 가고 있다. 아이는 자신의 삶을 진정 주도적으로 살고 있다. 덕분에 나도 아이들에게 매이거나 걱정하지 않고 한 발짝 떨어져 응원하며 지켜봐 주게 되었다. 그리고 새로운 내 인생을 제대로 살게 되었다. 나를 사랑하며 쉰이 넘고 예순이 넘어도 나로서 사는 방법을 알게 되었다. 내 소중한 아이들과 함께, 내 인생을 희생하고 바친 숭고한 삶이 목적이 아니라 적극적인 나의 삶이 펼쳐질 것이란 희망에 가득 차게 되었다.

다시 한번 약 2년 전인 그 상황을 뒤돌아본다. 유난히 힘들고 치열하고 가슴 아파 잠 못 이루던 날들도 시간이 흘러 과거가 되었다. 만약 나와 같이 부모의 역할을 고민하는 이가 있다면 나의 이야기로 인해 삶의 방향과 지혜를 스스로 찾아갔으면 한다. 그리고 독박육아로 인해 지치고 고단하나 엄마라는 이름으로 숭고하게 버티고 있는 그녀들에게 따뜻한 위로와 격려가 되었으면 한다.

애썼다. 수고했다. 지금으로도 충분하다.

모든 것에는 잘못이 없다. 그저 삶은 나아간다.